달의 귀환

달의 귀환

김응숙 수필집

이 책에 실린 글들은 오롯이 내 가슴을 찢고 나온 것들이다. 내 살을 찢고 나온 두 아이들처럼 이제 스스로 숨을 쉬고, 가지고 있는 깜냥만큼 제 갈 길을 갈 것이다.
　행여 냄비받침이 될라치면 가난한 자취생의 라면 냄비 밑에 깔리고, 폐지가 될라치면 굽은 못처럼 허리가 휜 노인의 수레 위에 얹히길 바란다. 그리고 더러는 가슴 시린 시간을 살아가는 누군가의 곁에 머무는 따뜻한 책이 되길 진심으로 바라본다.

2017년 10월

내가 글을 쓰는 동안 밥을 벌어온 남편의 기름때 묻은 손에게 감사하며.

차례

012　파랑새

020　백열전구
026　박쥐
032　공터
038　사랑니를 뽑으며

046　마당
052　신문
058　등짐
064　유년의 집
072　비밀의 계절
078　복권

086 달의 귀환

092 텔레비전

098 속엣소리

104 뒷골목

112 구두

118 어느 책 도둑의 진술서

124 어쩌다 마주친 그대

132 벼랑을 품은 바다

138 인어공주

146	마술
152	낚시
160	열정과 냉정 사이
166	공중전화기
172	하양이
180	국밥
186	밥 먹는 법
190	곶감
196	풀꽃
200	반추 동물

208	종점
214	지우개
220	이(齒)
226	장롱

| 234 | 집게발의 전언 |
| 240 | 해산 |

파랑새

파랑새

바깥이 어둑해졌다. 창호지를 바른 방문 격자 사이로 스며들던 빛이 까무룩 잦아들었다. 아직 한낮인데도 단출한 옷장과 네모진 궤가 놓여 있는 작은 방이 심연처럼 가라앉았다. 마침내 할머니의 손끝에서 계속되던 경련이 멈추자, 눈이 내리기 시작했다. 흔들리며 내리는 함박눈의 그림자가 창호지에 어른거렸다. 방문 손잡이 옆에 오려붙여 놓았던 파랑새의 날개가 흔들리는 것 같기도 했다.

아버지는 반쯤 벌어진 할머니의 입에 물려 있던 놋숟가락을 빼냈다. 놋숟가락의 손잡이 부분은 길게 찢은 무명천으로 칭칭 동여매어져 있었다. 할머니가 발작을 일으킬 때마다 혀를 깨물지 않게 하려고 입에 물리는 도구인데, 늘 문지방 위에 놓아두던 것이었다. 입가에 묻어 있는 약간의 침 자국을 제외하면 할머니는 평온해 보였다. 하지만 나는 직감적으로 할머니가 돌아가신 것을 알았다.

새야 새야 파랑새야, 녹두밭에 앉지 마라.
녹두 꽃이 떨어지면, 청포장수 울고 간다.

할머니는 이 노래를 부르며 커다란 무쇠 가위로 파랑새를 오려내곤 했다. 종이를 이리저리 접어서 그 사선 어느 부분엔가 가윗날을 들이대면 신기하게도 파랑새 한 마리가 날아올랐다. 할머니는 구멍이 숭숭 뚫린 여러 가지 꽃 모양이나 '복(福)'자나 '수(壽)'자를 오리기도 했지만 파랑새 오리기를 가장 좋아했다. 주로 창호지나 습자지 같은 얇은 종이가 쓰였는데, 때로는 내가 내미는 파랑색 색종이일 때도 있었다.

나는 할머니가 오려 낸 파랑새의 뒷면에 밥풀을 발랐다. 앙증맞은 부리에 동그란 배, 그리고 튼실한 날개를 가진 파랑새들은 어둡고 좁은 방 벽과 천장, 그리고 방문 창호지 위로 날아 앉았다.

그러나 결코 창공으로 날아갈 수 없었던 파랑새들처럼 할머니 역시 좀처럼 바깥나들이를 할 수 없었다. 오랜 지병인 뇌전증이 언제 어디서 발작을 일으킬지 알 수 없었기 때문이었다. 학교에서 돌아오면 어두운 방 벽에 기대앉아 비스듬히 열린 방문 사이로 환한 햇살을 바라보는 할머니의 희끗한 실루엣이 보였다. 그 머리 위에는 언제나 할머니의 파랑새들이 앉아 있었다.

할머니는 뒤주 위에 놓여 있는 달항아리 마냥 단아하신 분이었다. 희고 넓은 이마에 동그란 눈, 나지막한 콧날은 이해심 많고 조용한 할머니의 심성을 대변해 주었다. 정갈하게 가르마 진 머리에 은비녀를 꽂고, 무명 저고리의 앞섶을 단정히 여민 할머니는 아름다웠다. 온갖 남루하고 구차한 일상에도 불구하고 할머니는 자세를 흩트리는 법이 없었다. 할머니에게서는 언제나 달빛 같은 은은함이 배어나왔다.

이런 할머니를 두고도 할아버지는 일찌감치 딴살림을 차렸던가 보다. 중절모에 긴 외투를 입고 오른쪽에는 일본 여자를, 왼쪽에는 중국 여자를 세워 놓고 찍은 사진을 본 적이 있었다. 만주로 동경으로 휘돌던 할아버지였다. 대대로 물려받은 가산이 바닥을 드러낼 때까지 할아버지의 외유는 멈추지 않았다. 그리고 마침내 빈손으로 할머니에게 돌아왔다.

할머니는 가슴속에서 끓어오르는 말들을 과연 몇 마디나 할아버지에게 할 수 있었을까. 그저 입안에서 웅얼거리고 말지는 않았을까. 그런데 그 작은 소리조차 할아버지의 귀에 들렸던 것일까. 한여름, 볕으로 하얗게 바랜 마당을 건너오는 할머니를 향해 할아버지가 재떨이를 던졌다고 했다. 장독대에서 고추장을 퍼 오던 할머니는 머리에서 고추장 같은 피를 쏟으며 그 자리에 쓰러져 의식을 잃었는데, 그 후부터 지병이 생긴 것이다.

발작에 일정한 주기가 있는 것은 아니었다. 짧게는 한 달에 서너 번, 길게는 몇 달에 한두 번 찾아왔다. 한바탕 회오리바람이 지나가고 나면 할머니는 태풍에 갇혔다가 풀려난 새처럼 땀에 흠뻑 젖은 채 축 늘어지곤 했다. 그럴 때면 아버지는 방문을 열어 지나가던 부드러운 바람 한 줄기나 따사로운 햇살 한 줌을 불러들였다. 그들이 혼곤한 잠에 빠진 할머니의 이마를 조용히 어루만졌다. 그러나 함박눈이 펑펑 오던 그날, 할머니의 파랑새가 날갯짓을 한 것 같았던 그날, 아버지는 방문을 열지 않았다.

저녁이 되어서도 눈은 계속 내렸다. 흰 눈이 마당을 덮고 지붕을 덮고 신작로를 덮었다. 땀과 눈물로 얼룩졌던 할머니의 지난 일생에 하늘이 희고 깨끗한 수세포를 덮어준 것이었을까. 온 세상이 눈에 묻히고, 스며든 어둠에 이승과 저승의 경계마저 흐려질 즈음, 대문 기둥에 두 개의 조등이 걸렸다. 흩날리는 눈발 속에서 연신 눈시울을 훔치는 조등이 유난히 붉었다.

하얀 마당에 갈지자 발자국을 남기며 막내고모가 달려 들어오고, 그 뒤를 낭자한 곡소리가 따라왔다. 이윽고 입관이 시작되자 아버지가 조용히 나를 불렀다. "숙아. 저 건너 담배 가게에 가서 담배 두 보루만 사오너라." 아버지가 쥐어 주는 지폐를 받아 들고 마당을 나서는데, 눈발이 가늘어졌다.

마을 공터를 지나고 언덕배기에 올라서자, 거짓말같이 구름이 걷히고 보름달이 나타났다. 모든 것이 사라진 흰 눈밭에 나와 보름달뿐이었다. 할머니가 보름달을 보내어 앞길을 밝혀 주고 있다는 생각이 들었다. 저 아래 담배 가게에서 희미한 불빛이 새어 나왔다. 담배 가게를 오가는 동안 마치 할머니가 내 곁에서 함께 걷는 듯했다. 언덕배기로 되돌아오자 다시 눈이 내리기 시작했다.

이리저리 새떼처럼 함박눈이 흩날리고, 구름 속으로 몸을 숨기는 보름달이 보였다. 그 보름달을 향해 흩어지는 눈발 사이로 조용히 날아오르는 한 마리 파랑새의 날갯짓을 본 것은 나의 환시였으리라. 유난히도 눈이 많이 내리던 경술년 동짓달 열이레, 마침내 할머니의 파랑새가 하늘로 날아올랐다.

날개가 완전히 꺾인 새도 날고 싶어 한다는 것을 나는 할머니를 보며 깨달았다.

백열전구

박쥐

공터

사랑니를 뽑으며

백열전구

조심조심 책상 맨 아래 서랍을 열자 노란 불빛이 새어 나온다. 동시에 냉랭한 사무실의 공기를 밀어내는 따스한 기운이 느껴진다. 인큐베이터처럼 환하고 따뜻한 서랍 속에는 탁구공보다도 작은 오골계 알들이 한가득 들어 있다.

서랍 위에 달려 있는 백열전구는 어미닭인양 끊임없이 알들을 향해 밝고 따스한 기운을 내뿜는다. 이미 부화하기 시작한 알들의 내막에 생긴 실핏줄들이 환한 불빛에 힘줄처럼 도드라져 보인다. 그리고 서랍 깊숙이 갓 깨어난 병아리 한 마리가 체액에 털이 흠뻑 젖은 채 삐약삐약 힘차게 울어댄다.

지난겨울 친구가 책상 서랍을 이용해 병아리를 부화시키겠다는 계획을 이야기 했을 때 나는 도무지 감을 잡을 수가 없었다. 간혹 화면이나 사진을 통해서 어미닭이 알을 품고 있는 장면을 보기는 했지만 인공 부화기에 대한 지식은 전혀 없었기 때문이었다. 게다가 책상 서랍에서 병아리를 부화시키겠다니, 그 착상의 기발함에는 절로 탄성이 나왔다.

친구는 병아리 부화에 관한 온갖 정보를 수집해 서랍 부화기를 완성했다. 열을 감지하는 온도계와 그에 따라 작동하는 타이머, 알을 굴려 주는 장치 등이 있었지만 무엇보다도 부화기의 중요한 장치는 백열 전구였다.

백열전구는 이름 그대로 열을 내는 전구이다. 텅스텐으로 된 필라멘트에 전기가 흐르면 온도복사에 의해 대부분의 에너지는 열로 바뀌고, 단지 5% 남짓만이 빛을 낸다고 한다. 그러다 보니 열로 인해 불빛이 노르스름해지는 것이란다. 다시 말하자면 백열전구의 빛은 밝기뿐만이 아니라 따뜻함을 품은 빛인 것이다. 어미닭이 제품의 따뜻함으로 잠든 알을 깨웠듯이 백열전구의 따뜻한 빛이 생명을 잉태시키는 것이리라.

서랍에서 나오는 따뜻하고 노란 백열전구의 빛이 문득 나를 사십여 년 전으로 데리고 간다. 나지막한 슬레이트 지붕 아래로 손바닥만 한 작은 들창이 하나 있었다. 포장이 되지 않은 흙길에 면해 있어서 창에는 항상 먼지가 뽀얗게 앉아 있었다. 그 창은 밖을 내다보기에는 흐리기도 하거니와 너무 작았다. 게다가 들창이라 바람이 불면 받쳐 놓은 작대기가 굴러떨어지면서 저절로 닫히곤 했다. 한낮에도 반쯤 감긴 졸린 눈으로 희뿌연 잔광만을 여과하던 창이 그 존재의 이유를 밝히는 것은 밤이 되어서였다. 그것은 적어도 나에게는, 문패도 없는 길가 단칸방을 집으로 인식하게 해 주는 유일한 표식이었다.

당시 나는 야간 중학교 학생이었다. 수업이 끝나고 나면 밤 열시가 가까워져 마지막 버스를 놓치지 않으려고 줄달음치기가 일쑤였다. 그 시절 부산의 변두리 지역이었으니 가로등이 없는 것은 당연했다. 버스에서 내려 그나마 알록달록한 불빛이 내비치는 시장 거리를 벗어나면 달빛만이 발 앞을 비추어 주었다. 시장 뒤편 주택가를 거쳐 보리밭을 지나고, 언덕으로 난 흙길 신작로를 한참이나 올라가야 슬레이트 지붕들이 이마를 맞대고 있는 동네가 보였다. 그 중 불 켜진 들창이 보이는 맨 앞집이 우리 집이었다.

그 불빛은 언덕을 반쯤 올라갔을 때부터 별빛처럼 보이다가 언덕 위에 올라서고 나면 방금 뜬 달처럼 나지막하게 걸려 있었다. 노르스름하고 따뜻한 불빛이었다. 그제야 괜히 총총거리던 걸음이 느긋해지고 어둠에 눌려 있던 가슴도 펴지곤 했다.

하루 벌어 하루를 먹고 사는 사람들이 모여 살던 가난한 동네였다. 그래서 동네 사람들은 밤이 되면 전기세 한 푼이 아까워 책을 읽는 자식의 머리 위 전등도 꺼 버렸다. 어둠보다 더 어둡게 가라앉은 동네에서 오직 우리 집 들창만이 마치 등대처럼 노란 빛을 내뿜고 있었다. 어두운 밤길을 더듬으며 돌아올 딸을 위해 어머니는 온 식구가 잠든 뒤에도 전등을 끄지 않으셨던 것이다.

조심조심 문을 열고 들어서면 얼굴에 침과 콧물이 얼룩덜룩 묻은 동생들이 머리를 맞대고 깊은 꿈나라에 들어 있었다. 하루치의 양식과 맞바꾼 노동으로 피곤하신 아버지와 어머니도 가늘게 코를 골며 잠들어 계셨다. 식구들은 따뜻하고 노란 백열전구 불빛 아래서 마치 한 둥지의 새들처럼 그렇게 몸을 부대끼며 곤히 잠들어 있었다.

얼마 전 신문에서 백열전구의 생산과 사용이 금지된다는 기사를 읽은 적이 있다. 형광등이나 LED등처럼 밝고 효율이 높은 등을 사용해 에너지를 절약하기 위한 정부 시책인가 보았다. 수긍은 가지만 왠지 마음이 쓸쓸해진다.

주위에서 따뜻한 것들이 자꾸만 사라져가는 것 같다. 털신, 벙어리장갑, 군고구마, 삶은 계란, 난로, 양은 도시락, 아궁이, 따뜻한 음색의 LP판, 그리고 백열전구까지. 무엇이든 가까이 두면 닮기 마련이다. 예전 그 어렵고 궁핍했던 시절에도 이런 것들이 곁에 있어서 따뜻한 가슴을 잃지 않았던 것은 아니었을까.

울어대던 병아리는 비틀거리며 일어서는 연습을 하고 있다. 그 사이 알 하나에 가는 금이 그어진다. 병아리들의 부화가 계속되고 있다.

어쩌면 노란 불빛이 달빛처럼 새어나오던 들창이 있던 작은 방, 백열전구 아래 서로서로 머리를 맞대고 곤한 잠을 자던 그 단칸방이 나와 동생들의 부화기가 아니었나 하는 생각이 든다. 백열전구의 따뜻한 불빛 아래서 저녁밥을 먹고, 책을 읽으면서 세상에 나갈 꿈을 꾸었다. 그 불빛 아래에서 머리를 굴리고, 머리가 커지면서 나는 부화되었는지도 모르겠다.

비록 백열전구는 사라지더라도 세상의 또 다른 많은 부화기들의 등에서 언제나 따뜻한 불빛이 쏟아지기를 바라본다.

창밖에서 따뜻해 보이기만 하는 타인의 삶들을 바라보던 시절이 있었다. 그러다가 문득 아주 오래전, 내게도 백열전구의 따뜻한 빛으로 가득했던 단칸방이 있었음을 기억하고 잠깐 눈물이 났다.

박쥐

서쪽하늘에서 붉은 빛이 사라지고, 구름은 짙은 회색으로 물들었다. 산등성이가 먹물에 젖듯 어둠에 잠기는 시간, 한 떼의 새들이 골짜기를 가로질러 산기슭으로 날아갔다. 그들의 날갯짓이 어둠의 장막 너머로 사라지자 하늘은 잠시 공연이 끝난 무대처럼 텅 비어 버렸다. 그때 1부가 끝난 무대에서 2부의 공연을 시작하기라도 하려는 듯이 어둠보다 더 짙은 날개를 펼치며 또 다른 한 떼의 새들이 산기슭으로부터 날아왔다. 박쥐 떼였다.

박쥐 떼는 학교 운동장을 끼고 반대편 산비탈 쪽으로 날아갔다. 그러자 운동장 구석의 전봇대에 매달려 있는 백열전구가 희미한 빛을 발하기 시작했다. 나는 그 빛을 바라보며 화단가에 앉아 친구들을 기다렸다.

큰 도로에서 한참을 올라와야 하는 산등성이에 조그마한 학교가 있었다. 중학 과정을 가르치는 비인가 학교였는데, 그래도 제법 규모가 있어서 운동장을 사이에 두고 위아래로 기다란 두 동의 교사가 있었다. 나는 그 학교의 야간부 학생이었다. 이런저런 이유로 낮에 학교를 다니지 못하는 학생들을 위해 한 독일계 교육재단에서 운영하던 학교였는데, 선생님들은 우리를 2부 학생이라고 불렀다. 어둠이 내린 하늘을 날아오르는 박쥐처럼 우리는 수업을 받기 위해 저녁마다 산비탈을 올라왔다.

밤에 학교를 다닌다는 것은 여러모로 박쥐의 생태와 닮아 있었다. 우선 박쥐의 날개처럼 새까만 교복을 낮에는 벽에 박힌 못에다 걸어두었다. 그 모양새가 영락없이 천장에 매달린 박쥐 같았다. 그러다가 해가 지고 어둠이 스며들면 교복을 차려입고 박쥐처럼 집을 나서곤 했다. 물론 공장에서 일을 하거나 집에서 살림을 도맡아 하거나 간에 낮에는 밖으로 돌아다니지 않는다는 것도 박쥐와 닮은 점이었다.

오해를 산다는 점에 있어서도 그렇다. 박쥐는 모기나 나방 같은 해충을 먹이로 한다. 자연의 생태계에서 곤충의 수를 억제하는 아주 중요한 역할을 하고 있지만 아무도 이를 알지 못한다. 세간의 박쥐에 대한 평판을 생각하면 억울한 면이 없지 않다. 우리들도 그랬다. 어린 나이에 주경야독을 하는 셈이었는데 알아주는 이가 별로 없었다. 밤늦게 하교하다 보면 불량 학생 취급을 받기도 일쑤였으니 말이다.

그러나 무엇보다도 박쥐와 닮았던 점은 천장에 매달려 지내는 박쥐처럼 우리도 낮에는 거꾸로 된 세상을 살았다는 것이 아니었을까. 그 세상에서는 아이가 어른이 되고 어른이 아이가 되었다. 신발 공장에서, 봉제공장에서 일을 하고 받은 월급으로 누워 있는 엄마의 약값을 대고 세상을 한탄하는 아버지의 술값을 댔다. 쌀을 사고 간간이 동생들의 밀린 공납금을 내기도 했다. 그러다가 밤이 되면 박쥐처럼 날갯짓을 하며 학교로 모여 들었고 아이들로 돌아갔다. 희미하게 어둠을 밝히는 백열등에 의지해 우리는 교실에서, 운동장에서 웃고 떠들었다.

거의 천적이 없는 박쥐는 살아있는 화석이라고 불릴 만큼 유전적 변이를 거치지 않고 이 지구상에서 오랫동안 생존해왔다. 그들은 겨울잠을 잘 때 뿐 아니라 낮에 동굴 천장에 매달려 있을 때에도 몸 밖의 기온보다 조금 낮은 체온을 유지한다고 한다. 스스로 뜨거운 피를 식힘으로써 태양을 향해 치닫고 싶은 날개를 잠재우는 것인지도 모를 일이다.

박쥐는 자신의 힘으로 날 수 있는 유일한 포유류이다. 박쥐의 앞발은 진화를 거듭해 날개가 되었다. 엄지를 제외한 발가락들이 점점 길어지고, 물갈퀴처럼 자라난 피부가 그 사이를 연결해 망토 같은 날개가 만들어진 것이다.

박쥐는 왜 앞발을 날개로 진화시켰을까. 포식자들에게 쫓겨 나무 꼭대기에 이른 한 설치류가 생존을 위한 비상을 꿈꾼다. 태양이 비추는 낮의 하늘은 색색의 깃털을 가진 새들의 무대일 뿐이다. 어디에도 이들을 위한 안전지대는 보이지 않는다. 이 절망의 순간에 밤의 비상이라는 획기적인 의식의 전환이 찾아온다. 마침내 포식자도 새들도 깊이 잠든 밤, 흐르는 달빛에 낮은 체온으로 굳어졌던 관절을 녹이며 박쥐가 힘껏 날개를 펼친다. 달과 별들로 수놓인 밤하늘에 수많은 꿈의 궤적을 그리며.

요즘 모 TV 방송에서 방영하는 가요 오디션 프로그램이 한창 인기를 끌고 있다. 음악을 사랑하는 많은 사람들이 자신들의 꿈을 실현하기 위하여 도전하는 무대이다. 지난주에는 말을 더듬는 청년, 사업 실패로 피신 중인 아버지를 둔 여고생, 집안 형편 때문에 대학 진학을 포기하고 일찍이 산업 현장에서 일을 하고 있는 젊은이가 출연했다.

나는 그들에게서 박쥐의 날갯짓을 본다. 생존을 위해 차갑게 식혀야만 했던 그들의 열정이 그 인고의 깊이만큼 절묘한 노래가 되어 다시 뜨거워지는 것을 느낀다. 그들의 노래가 다른 이들의 것보다 더 큰 울림이 있는 것은 절망의 순간에도 꿈을 놓지 않고 비상을 꿈꾼 박쥐를 닮았기 때문이리라.

박쥐의 날개를 벗은 지 오래되었다. 하얀 칼라의 여고생 교복을 입은 두루미도 되었다가 웨딩드레스를 입은 백조도 되어 가며 대명천지의 하늘을 날기 위해 무던히도 애를 썼던 것 같다. 그러나 문득 먹이를 얻기 위한 한낮의 날갯짓 너머로 여전히 벽에 박힌 못에 걸려 있는 박쥐의 검은 날개가 보인다. 나는 다시금 절망을 딛고 달을 향해 힘차게 날아오르는 박쥐가 되고 싶어진다. 그 뜨겁고도 신비로운 비상이 그립다.

오늘도 현란한 몸짓의 하루해가 목젖 같은 산봉우리 사이로 넘어가고 산기슭이 어둠으로 깊어진다. 비록 낮의 무대에는 오르지 못했지만 달빛을 조명 삼아 밤의 하늘에서 힘찬 날갯짓을 하는 그들의 소리가 들리는 듯하다. 이제 절망의 순간은 지나갔다 하더라도 언제나 그 너머를 꿈꾸는 것은 박쥐들의 특권이다.

한 번이라도 박쥐로 살아본다는 것은 내 앞에 가득한 어둠을 뚫고 삶의 이면을 가로지를 수 있는 날개를 얻는 일이다.

공터

공터의 어둠은 아무런 전조 없이 찾아왔다. 담벼락 아래에서 습기처럼 배어 나온 그림자가 골목을 지나가는 사람들의 무릎께를 넘실거려도 공터의 햇살은 쨍쨍하기만 했다. 서쪽으로 기울던 태양이 산 능선에 턱을 괴고 공터에서 뛰어노는 아이들을 바라보았다. 이윽고 저녁 짓는 연기가 피어오르고 아이들이 하나둘 집으로 돌아가자, 무료해진 태양이 산 뒤로 모습을 감추었다. 노을의 끝자락, 숯불을 뒤적여 놓은 것 같은 빨간 잉걸불이 사그라지기를 기다려, 체로 거른 듯 고운 입자의 어둠이 내려앉기 시작했다. 그제야 공터는 어떤 얼룩도 남기지 않은 채 순연하게 물들었다.

하루가 다르게 팽창하던 부산의 변두리였다. 도심에 붙박이에는 뭔가 아귀가 맞지 않는 사람들이 낮은 슬레이트 지붕을 이고 모여 살았다. 쓸모없어진 부속품들을 모아놓은 것처럼 백여 호의 집들은 지붕 한쪽이 내려앉거나 뒤틀린 채, 비스듬한 경사면을 따라 들어서 있었다.

그 허술한 동네와 신작로 하나를 사이에 두고 작은 공터가 있었다. 그 뒤로는 배수진처럼 꽤 깊은 절개지가 놓여 있었다. 이런 위치 때문인지 공터는 간이 무대처럼 보였다. 조금씩 높아지는 객석을 눈앞에 둔 무대 말이다. 동네 끝집에서도 앞집 지붕을 피해 조금만 시선을 돌리면 공터가 보였다.

우리 집은 공터를 향해 조그마한 들창이 나 있는 길갓집이었다. 신작로에서 이는 흙먼지로 인해 들창은 늘 뿌옇게 흐려 있었다. 나는 들창 밖으로 팔을 뻗어 소매 끝으로 어렵사리 유리의 아랫부분을 조금 닦았다. 그러고는 그곳에 눈을 대고 공터를 바라보곤 했다.

공터에는 수시로 공연이 올랐다. 이른 새벽, 목판을 맨 두부 장수가 공터 앞에 나타났다. 잠시 동네를 둘러보던 두부장수가 절룩거리며 골목을 오르기 시작하면 짤랑거리는 종소리가 미적거리고 있던 여명을 깨웠다. 그리고 얼마 지나지 않아 젖먹이를 들쳐 업고 양철동이를 머리에 인 재첩국장수가 그 뒤를 따랐다. 그들의 등장은 이제 막 태양이 조명을 밝히고 있는 공터에서 벌어질 공연의 시작을 알리는 시그널 같은 느낌을 주었다.

그러나 빛바랜 보자기에 싸인 도시락을 들고 날품팔이를 나가는 가장들이 지나가고, 피로한 낯색의 여공들과 하얀 칼라의 교복을 입은 학생들이 총총 지나가도 공터는 조용했다. 잠깐 삼삼오오 친구를 기다리는 초등학생들이 떠드는 소리가 기포처럼 공터 위로 떠오르기는 했다. 하지만 곧 대열을 정비한 아이들이 십여 리 떨어진 학교를 향해 떠나자 공터는 다시금 비어 버렸다.

그 당시 나는 몇 달 다니지도 못한 중학교를 그만 둔 상태였다. 식구들이 잠든 밤이면 현관 쪽마루에 촛불을 켜고 밤새도록 책을 읽었다. 해가 뜨고 집이 비면, 들창 밑에 몸을 바짝 붙이고 낮잠을 자곤 했다. 아마도 밝은 세상으로 나가기가 두려웠던 것일 게다. 단지 들창으로 공터를 내다보는 것이 유일한 세상바라기였던 시절이었다.

해가 중천으로 떠오르고 엿장수의 가위에서 나는 쇳소리가 나를 깨웠다. 엿장수는 공터에 수레를 세워 두고 철컥거리며 골목을 돌았다. 별반 쓸모도 없는 살림살이에서 더 쓸모없는 것들이 가려졌다. 공터에 오른 '엿장수'라는 공연에는 출연자들이 줄을 섰다. 동네 사람들은 구멍 난 솥이라든지, 먼지가 뽀얗게 앉은 공병을 들고 나와 흥정을 하곤 했는데, 그럴 때면 정말 주연배우라도 되는 양 진지한 표정들이었다.

엿장수가 무거워진 수레를 끌고 무대를 떠나면 뻥튀기 장수가 나타났다. 학교에서 돌아온 조무래기들이 흰 김이 나기 시작한 기계 앞에 귀를 막고 둘러앉았다. 이제 곧 "뻥" 소리와 함께 '뻥튀기'라는 공연은 클라이맥스에 오를 것이고, 어린 관중들은 환호를 질러댈 것이었다.

공터에 오른 공연의 숫자는 헤아릴 수도 없이 많았다. 공일이나 반공일에는 바리깡과 보자기를 들고 이발사가 등장하기도 하고, 털 빠진 원숭이와 슬픈 눈을 한 딸을 데리고 약장수가 전을 펼치기도 했다. 명절 직후에는 허술한 서커스단이 찾아들었다. 그리고 한 겹 장지문 안에서 겨울을 난 동네 노인들이 초봄에 부는 샛바람을 이기지 못하고 돌아가시면, 어김없이 공터에서 노제를 지냈다. 공터에서는 상여에서 흔들리는 하얀 종이꽃과 상복으로 여민 가슴에서 끓어오르는 곡소리로 구성된 오페라의 한 장면이 연출되었다.

공터는 동네사람들의 삶과 죽음 사이의 퍼포먼스로 넘쳐나던 무대였다. 그 어떤 표지판도, 시설도 없었기에 인생 여정에서 어우러진 공연들이 아무런 각색 없이 오롯이 무대에 오를 수 있었다. 동네사람들이 자신들도 모르는 사이에 스스로 연출하고 출연한 단막극들이었다.

그런데 이 무대에서 정작 나의 관심을 끈 공연은 따로 있었다. 일종의 모노드라마였는데, 이 공연에서는 조명이 아주 중요한 역할을 했다. 서쪽 하늘에서 서서히 먹장구름이 몰려오고, 하늘을 힐끗거리던 할머니가 빨래를 걷으러 마당으로 내려섰다. 공터의 조도가 몇 럭스 쯤 어두워지고, 이곳저곳을 기웃거리던 그림자들이 낌새를 느끼고 쥐구멍으로 숨는 생쥐처럼 순식간에 사라졌다. 모두들 빗방울을 피해 지붕 아래로 뛰어들고 문을 닫았다. 왠지 모를 비장함이 공터를 맴돌았다. 그때 꼬질꼬질한 잿빛 바바리를 걸친 배우가 공터로 들어섰다.

나는 이 공연의 이름을 '바바리 아저씨'라고 붙였고 동네사람들은 '불효자식'이라고 불렀다. 기껏 공부시켜 놓았더니 정신이 돌아서 늙은 어미의 등골을 휘게 하고 심장을 파먹는다는 것이었다. 어쨌거나 이 배우가 공연에 임하는 자세는 진지하기 짝이 없었는데, 연설을 시작하기에 앞서 오른손을 번쩍 들어 올리는 제스처는 그 진중함을 더해 주었다.

희고 파리한 손을 들어 올린 채 아저씨는 일장 연설을 시작했다. 그 공연이 모두가 쉬쉬하는 시대극이라는 것은 이미 알고 있었다. '박정희'니 '이후락'이니, '미국'이나 '막스'같은 금기어들이 섞여 있었다. 근처에 어른들은 얼씬도 하지 않았고, 잔돌을 던지며 놀려대던 몇몇 아이들도 후둑거리던 빗방울이 굵어지자 집으로 돌아갔다.

비가 내리는 회색 공터에서 공연되던 모노드라마. 한 명의 관중도 없이 홀로 지루하게 이어지던 공연. 마침내 들어 올렸던 손을 내리고 바바리 깃을 타고 내리는 빗물과 함께 쓸쓸히 퇴장하던 아저씨. 아저씨가 사라지자 잿빛 바바리에서 검은 물이라도 빠졌는지 공터는 짙은 어둠에 휩싸였다. 그리고 때맞춰 바람을 탄 빗줄기가 탭댄스를 시작하는 것이었다.

나는 공터에 '광장'의 이미지를 덧칠하고 싶지는 않다. 공터에는 어디론가 도도하게 흘러가는 물결 같은 것은 없었다. 삶을 살고 있는 바로 그 자리에서, 삶 그 자체가 무대에 올랐다. 우리들은 돌아가며 주연도 하고 조연도 했지만, 엑스트라로 등장하는 날도 많았다. 그리고 어쩌다 삶의 이면, 그 짙은 어둠속에 들어섰을 때는 홀로 독백도 했다.

어느 날 저녁, 나는 집 밖으로 나와 들창 아래 블록 벽에 기대앉았다. 공터가 어둠에 물들고 있었다. 등 뒤 블록의 온기가 식자, 공터 끝 비스듬히 기운 전봇대에서 희미한 방범등이 켜졌다. 나는 바바리 아저씨가 섰음직한 자리를 찾아 어둠 속에 섰다. 그리고 마음속으로 나만의 독백을 시작했다. 맞은편 길갓집 들창에서 여전히 한 소녀가 공터를 바라보고 있었다.

사랑니를 뽑으며

사랑니를 뽑는다. 마취가 되었는데도 이를 죄고 있는 집게의 악력이 느껴진다. 의사가 집게를 앞뒤로 흔들자 둔중한 통증이 아래턱 깊숙한 곳에서 감지된다. 멀리서 울리는 동종소리 같은 통증의 여운이 사라져 가는 순간, 무가 뽑히는 것처럼 불쑥 이가 뽑힌다. 굳이 혀로 확인하지 않아도 잇몸이 헤쳐 함몰된 상처가 느껴진다. 그 상처로 재바르게 핏물이 고여 든다.

의사는 거즈 뭉치를 밀어 넣으며, 두 시간 동안 핏물을 뱉지 말라고 한다. 핏물을 뱉으면 상처가 잘 아물지 않는단다. 어눌한 턱을 움직여 거즈 뭉치를 앙다문다. 물컹한 거즈 뭉치에 침마저 고여 입안이 가득 찬 느낌이다. 그러나 나는 핏물과 침을 뱉을 수 없다. 삼켜야 한다. 울컥 한 모금 삼켜본다. 쌉싸름하다.

처음으로 사랑니가 나기 시작한 것은 열다섯 살 무렵이었다. 아래턱 안쪽 잇몸이 부풀어 올랐다. 비릿한 침도 고였다. 나는 연신 괴어오르는 침을 삼켜댔다. 그러나 그 시절 내가 삼킨 것은 침만이 아니었다.

여러 번의 기한을 넘기도록 학교 공납금을 마련하지 못했다. 선생님과의 면담이 끝나고 나는 조용히 책가방을 싸서 교실을 나왔다. 기한을 더 늘린다고 해서 해결될 일이 아니었다. 가로지르는 운동장이 사막처럼 넓었다. 수업 시작을 알리는 종소리가 등 뒤에서 들려왔다. 뛰어가고 싶었지만 창문으로 바라보고 있을 친구들의 시선이 느껴져 꿋꿋하게 걸었다. 한 걸음씩 걸을 때마다 술로 가득 찬 호리병처럼 목젖에서 슬픔이 찰랑거렸다. 울컥 한 모금 삼켰다. 씁싸름했다.

사랑니는 모든 이가 나고 난 뒤에 홀로 외롭게 솟는 이다. 며칠 동안의 방황이 끝나자, 나는 집밖으로 나가지 않았다. 식구들과 말도 하지 않고 찾아오는 친구들도 만나지 않았다. 본격적으로 이가 솟는지 아래턱이 부어올랐다. 부은 턱을 한 손으로 감싸 안고 밤낮 없이 책을 읽었다.

마침내 입안 깊숙한 곳에서 이 하나가 솟았다. 혀끝에 뭉툭한 사랑니의 실체가 느껴질 즈음, 내 안 깊숙한 곳에서도 무언가 단단한 것이 돋아났다. 다시 세상으로 나아가고자 하는 또 다른 나였다.

뒷집에 사는 동네 언니를 따라 봉제 공장에 취직을 했다. 내게 주어진 일은 다 만들어진 셔츠를 개어서 포장하는 일이었다. 두꺼운 마분지로 된 판에 셔츠를 반듯하게 핀으로 고정시키는 일은 보기만큼 쉽지 않았다. 철야 작업을 할 때면 핀에 손톱 밑을 찔리기가 일쑤였다. 가로등이 희뿌옇게 빛을 잃어가는 아침에 공장 문을 나서면, 내 앞을 거슬러 친구들이 등교를 했다. 그런 날이면 집으로 돌아와 죽은 듯이 잠에 빠져들었다. 낮 꿈속에서 사랑니가 다시 솟는지 아래턱이 욱신거렸다.

잇몸을 뚫고 나오는 것이 힘들어서 그런지 사랑니는 한 번에 다 나지 않았다. 헤진 잇몸의 상처가 아물고 욱신거리던 통증을 잊어 가는가 싶으면 불쑥 다시 솟기 시작했다. 그것은 마치 내가 어른이 되기 위해 겪어야 하는 성장통 같은 것이었다.

적은 월급이나마 어머니께 드릴 날이 다가오자 통증은 씻은 듯이 사라졌다. 월급을 받아든 어머니의 마음이 편하지는 않았겠지만, 나는 조금이나마 도움이 되었다는 생각에 스스로가 뿌듯했다. 그런 날은 사랑니도 조금 위로 솟았을 것이다.

사랑을 할 때가 되어 난다고 해서 사랑니라고 하는지도 모르겠다. 뒤늦게 들어간 야간학교에서 만난 선생님은 키가 큰 미루나무 같았다. 늘 땡볕 같은 일상에 지쳐 있던 나는 시원한 그 그늘에서 잠시나마 쉴 수 있었다. 문득문득 다른 수업 시간에도 선생님의 얼굴이 떠오르곤 했다. 그런 선생님에게 약혼녀가 있다는 사실을 알게 된 것은 수학여행을 떠나기 전날이었다. 나는 여행을 포기하고 이불을 둘러쓴 채 사랑니와 함께 신열을 앓았다.

그 후로도 몇 번의 상처와 통증을 거치며 사랑니는 솟아났다. 스무 살 무렵이 되자 이제 사랑니는 거의 다 난 것 같았다. 매끈하고도 듬직한 사랑니가 깊숙이 자리하자 입안이 꽉 찬 것 같은 느낌이 들었다. 이제 나도 거의 어른이 되어가고 있었다.

유치가 빠진 자리에 다시 나는 영구치들은 대부분 반듯하게 제자리를 잡는다. 그러나 그들이 차지하고 남은 아래턱 자투리에 나는 사랑니는 그렇지 못한 경우가 많다. 기존의 치열이 치밀하고 잇몸이 유난히 여물 때는 자리를 잡기가 더 어려울 것이다. 나의 사랑니도 나기는 했지만 반듯하게 자리를 잡지는 못했다. 방향도 약간 틀어지고 양쪽의 높낮이도 달랐다. 기우뚱하니 기울은 것이다.

어른이 되고 나서 보는 세상은 왠지 기울어져 보였다. 기울어진 세상의 균형을 잡고자 한때 시민단체 활동에 열심인 적도 있었다. 그러나 살아갈수록 기운 것은 도리어 내가 아닐까 하는 생각이 들었다. 팍팍한 세상을 뚫고 나오면서 입은 상처들이 은연중에 나를 기우뚱하니 기울게 한 것일 게다. 사랑니가 기울어져 생긴 틈 사이로 음식 찌꺼기가 끼듯, 기울어진 나와 세상 사이로 수많은 편견이 끼어들었다. 나는 어른이 된 후에도 좀처럼 세상을 바로 볼 수는 없었다.

어른이란 기울어진 자신을 인정하고, 틈 사이에 끼인 찌꺼기를 없애기 위해 부지런히 양치질을 하는 사람이라는 것을 깨닫기까지 많은 세월이 흘렀다. 부지런히 양치질을 해도 조금씩 충치가 먹어가는 것이 사랑니라는 것도 알게 되었다. 마침내 사랑니는 뽑지 않을 수 없을 만큼 충치가 먹어버렸다. 부은 턱을 감싸 안고 치과로 갔다.

두 시간이 지나자 거즈 뭉치는 딱딱한 갈색 덩어리로 변해 있다. 마취가 풀렸는데도 상처는 생각보다 아프지 않다. 이제 사랑니는 뽑혔다. 나와 함께 세상으로 나오기 위해 고군분투하던 사랑니였다. 사랑니가 있던 자리가 허전해서 자꾸만 혀끝이 간다.

씨앗은 자신을 싸고 있는 껍질의 견고함을 인식하면서부터 여물기 시작한다. 껍질 속에서 스스로 느끼는 고독의 밀도만큼 단단해진다. 그리고 때가 되면 껍질을 뚫고 나와야 하는 것이다. 이 세상에 뿌리를 내리고 마침내 꽃을 피워야 하는 씨앗이므로.

마당

신문

등짐

유년의 집

비밀의 계절

복권

마당

애초 거기에 무슨 이유가 있지는 않았을 성싶다. 그저 지축에 둘둘 말려 있다가 어느 날 누군가의 손에 의해 우리 집 앞에 깔렸을 것이다. 안방 장판을 까는 아버지의 손길처럼 쓱쓱 바닥을 밀어내고, 들뜨지 않도록 네 귀를 꾹꾹 눌러서 말이다. 어쨌거나 마당은 이사를 갔을 때부터 그냥 거기에 깔려 있었다. 평평하고 데데하게.

마당 한쪽에는 낮은 슬레이트 지붕을 이고, 쪽마루에 코가 닿을 듯이 현관문이 달려 있는 집들이 늘어서 있었다. 나는 초라하고 좁은 집에 들어가기가 싫어서 발끝으로 죄 없는 마당을 차댔다. 마당은 폭폭 파이면서 옅은 한숨 같은 흙먼지만 피워 올릴 뿐 아무 말이 없었다. 미처 들이지 못한 세간들이 흩어져 있는 마당 구석에 비쩍 마른 사철나무 한 그루가 서 있는 것이 보였다. 금이 간 블럭 담벼락에 이마를 박고 있는 마당은 정말 볼품이 없었다.

그래도 그 마당을 어머니는 아침마다 깨끗이 쓸었다. 옆옆이 세를 들어 사는 사람들이 버린 쓰레기도 슬며시 치우시곤 했다. 나는 그런 어머니가 마음에 들지 않아 볼멘소리를 했다. "이게 엄마 마당이야? 왜 맨날 엄마만 치워?" 그런 나를 돌아보며 어머니는 그냥 말없이 웃으셨던 것 같다.

전학을 자주 다녀 친구가 없었던 나는 혼자 노는 시간이 많았다. 사철나무 그림자에 들어앉아 마당에 낙서하는 것이 좋았다. 동생이 잠든 방문을 조금 열어 놓고 혹 깨지나 않았는지 살펴가며 낙서를 했다. 나뭇가지 끝으로 그림을 그렸다가 발바닥으로 쓱쓱 지우고는, 동네아이들에게서 들었던 욕 한마디를 써 보기도 했다. 그럴 때면 나는 마당과 비밀을 나누어 가지기라도 한 듯이 가슴이 두근거렸다.

우리 집 쪽마루에서는 마당 한쪽에 있는 수채가 바라다보였다. 두레상만큼 시멘트가 허옇게 발린 수채는 꼭 뒤집어져 귀만 내놓은 채 마당에 묻힌 커다란 소라고둥 같았다.

어느 날 빗소리를 듣고 현관문을 열어보니, 두두두둑 지붕에서 흘러내린 빗방울들이 처마 밑을 박음질하고, 마당에 떨어진 빗방울들은 작은 보리새우처럼 통통 튀어 오르고 있었다. 빗줄기가 거세어지자 흥건하게 고이던 빗물은 소용돌이를 치며 소라고둥 속으로 빨려 들어갔다. 순간 모든 소리들도 따라서 빨려들어 가는지 사방이 고요해졌다.

그때 나는 알게 되었다. 마당에도 귀가 있다는 것을. 마당이 이 가난한 집에서 삐어져 나오는 질박한 소리들을 이미 다 듣고 있었다는 것을.

말을 하지 않고 듣기만 한다는 데 있어서 어머니는 마당과 닮아 있었다. 웅얼거리는 할머니의 지청구나 벼락같이 내지르는 할아버지의 호통도 듣고만 있었다. 변변한 가장 노릇을 하지 못하는 아버지의 입매가 굳게 다물어질 때마다, 거기서 묻어나는 더 큰 소리들도 가슴으로 들었을 것이다. 게다가 나는 집안 형편이 여의치 않아 다니던 학교를 그만두게 되자, 몇 날 며칠을 새벽에 집을 나가 깊은 밤에야 돌아오곤 했다. 거칠게 마당을 뛰쳐나가는 발자국 소리와 힘없이 다리를 끌며 돌아오는 발자국 소리를 어머니는 저 마당에 묻힌 소라고둥처럼 다 듣고 있었으리라.

그 모든 소리들은 소용돌이를 이루며 어머니의 가슴속으로 빨려 들어갔을 것이다. 마치 가슴속에 무한한 동굴이라도 버티고 있다는 듯, 어머니는 소리 없이 그 많은 소리들을 받아들이셨다.

제각기 제 삶이 버겁다며 뱉어 놓은 소리들이 어머니의 가슴으로 잦아들고 나서야 평화로운 날들이 찾아왔다. 그제야 나는 사철나무 아래에 어머니가 심어놓은 봉선화도 보고, 허술한 담장을 타고 피는 나팔꽃도 보았다. 마당가로 나지막이 채송화가 줄지어 피면 데데하던 마당은 꽃그림을 두른 편지지 같이 화사해졌다. 이제 낙서는 그만하고 근사한 시나 연애편지를 쓰라는 듯이.

키 작은 꽃들이 피고 하늘이 맑은 날이면, 어머니는 마당에서 빨래를 하며 노래를 불렀다. 말수는 적었지만 노래를 잘했던 어머니의 노랫소리는 소라고둥 속을 휘휘 돌아나오는 듯 맑고도 고왔다. 나는 빨래를 널며 노래를 따라 불렀다. 특히 '아, 목동아'를 부를 때 "나 항상 오래 여기 살리라."하는 고음 부분에 이르러 어머니와 나는 소리 높여 합창을 하곤 했다. 어머니의 가슴에 산들바람이 불자, 마당도 기분이 좋은지 가뿐가뿐 빨래 그림자를 흔들었다.

그러나 마당이 언제까지나 한결같을 수는 없었나 보았다. 서산

마당 49

에 설핏 엉덩이를 걸치고 앉은 해가 노을 섞인 잔광을 풀어놓은 날 저녁, 아버지의 밥상이 마당으로 날아들었다. 그릇들이 뒹굴고 반찬이 쏟아졌다. 어머니는 말없이 함지박을 들고 와 엎어진 그릇들을 주워 담았다. 해가 기울고 마당의 낯빛이 어두워졌다.

 어머니가 병을 얻어 앓아누운 뒤부터 마당은 나에게서 멀어져 갔다. 때때로 깊은 밤 은은한 달빛만이 서성이는 내 어깨를 조용히 두드려 주었을 뿐이다. 어머니가 돌아가시고 운구가 지날 때, 마당은 내 가슴속 깊이 가라앉았다. 어려웠던 시절, 삶의 한 가운데에서 그 질박한 소리들을 품어 주던 마당이었다. 마당이 가라앉은 쓸쓸한 가슴 위로 봄이면 풀이 나고 가을이면 낙엽이 쌓였다.

 마당은 지나온 세월을 품은 듯 구름 그림자를 안고 차분히 가라앉아 있었다. 한옥마을을 구경나온 참이었다. 150년은 되었다는 고택의 마당이 의외로 소박해 보였다. 대청마루에 걸터앉아 땀을 식히며 마당을 내려다보았다. 대숲에서 산들바람이 불어와 마당 귀퉁이의 풍경 그림자를 흔들었다.

 문득 까마득히 잊고 있었던 우리 집 마당이 생각났다. 환한 햇살이 불 꺼진 마당을 다시 밝힌 듯, 한쪽에서 빨래를 하는 어머니의 모습이 보였다. 마당을 건너가는 산들바람에 귀를 대면, 어머니의 고운 노랫소리도 들릴 것만 같았다. 마당 저만치에서 그날 그때처럼 키 작은 꽃들이 웃고 있었다.

"엄마, 너무 미안해…"

신문

오후의 게으른 햇살이 느릿느릿 병실을 돌아다녔다. 그 위로 병원 특유의 알코올 냄새가 먼지처럼 떠돌았다. 병상에 누워 계신 아버지는 낡은 배 같아 보였다. 세월의 파도가 새겨 놓은 상흔이 온몸에 가득했다. 하얗게 세어 버린 머리카락은 주름진 얼굴 위로 퇴색한 깃발처럼 늘어져 있었다. 아마도 자신이 전처럼 회복되지는 못할 것을 예감하고 계신 것 같았다.

"집에 가거든 내 방 청소를 좀 해라. 신문이랑 책들도 다 버리고."

병실 문을 나서려다가 나는 몸을 돌려 아버지의 침대로 되돌아갔다.

"신문도 다 버려요?"

"읽어도 머리에 들어오지를 않아. 머릿속이 하얘진 것 같아."

아버지는 헐렁한 환자복 소매 사이로 마른 옥수숫대 같은 팔을 들어 올려 어서 가라는 손짓을 했다. 나는 문 앞에 서서 아버지를 한 번 더 돌아보고는 병실을 나왔다.

젊은 날, 아버지는 검은 머리를 뒤로 쓸어 넘기며 아침마다 신문을 읽었다. 한껏 부푼 돛을 올리고 그날의 날씨와 조류를 살피는 선장 같은 모습이었다. 신문을 펼쳐 놓고 세상의 흐름에 따라 좌표를 설정하곤 하셨을 것이다.

그러나 아버지의 배는 곧잘 항로를 벗어났다. 먼 바다를 떠돌다가 좌초된 적도 여러 번이었으니 말이다. 그리고 이제 다시는 출항하지 못할 마지막 항구에 쓸쓸히 정박해 있다. 그 늙은 선장이 지도처럼 손에서 떼지 않던 신문을 버리라고 한다.

동네에서 아버지는 김 선생님으로 통했다. 수시로 동네 사람들이 찾아오면 보던 신문을 옆으로 밀쳐 놓고 각종 신고서나 계약서 등의 대서를 해 주었다. 가끔씩 편지를 대필해 주기도 했다.

그럴 때마다 선반 한쪽에 놓아두는 검은 먹물이 사용되었다. 동네 사람들은 아버지에게 감사를 표하며 돌아가다가, 마당에서 서성이는 나에게 다가와 "너희 아버지는 아직도 놀고 계시냐?" 하고 슬며시 묻곤 했다. 아마도 글 잘 쓰고 박식하며 더구나 매일 신문을 읽는 사람이 왜 이리 가난하게 사는지 궁금한가 보았다.

그런 모습을 보며 외할머니는 혀를 끌끌 찼다.

"너희 아버지는 먹물이야, 먹물."

옛날 먹을 갈아 글이나 쓰면서 집안 살림에는 통 무관심했던 선비를 일컫는 말이지 싶었다. 궁핍한 살림에 고생이 끊이지 않는 딸을 바라보면서 어찌 사위가 원망스럽지 않았겠는가.

어쨌든 아버지의 먹물이 동네 사람들에게 유용하게 사용되었던 것은 사실이다. 그러나 정작 자신의 문제를 해결하는 데에는 아무런 도움이 되지 못하였다. 몇 번의 직장 생활과 어렵게 시작했던 사업들은 번번이 실패로 끝이 났다. 가정 경제의 책임이 점점 어머니에게로 옮겨지면서 신문을 읽으며 소일하는 날들이 더욱 많아졌다.

아주 작은 실마리를 찾으려는 탐정처럼 아버지는 세세하게 신문을 읽곤 했다. 저녁 무렵 동네 일로 하루 품을 판 어머니가 돌아오는 기척이 들리면, 신문 한 귀퉁이를 찢어 연초를 말아 들고는 마당으로 나가셨다. 그리고 노을 지는 먼 산을 바라보며 담배를 피우는 것이었다.

세상의 돋을새김에다 탁본을 뜬 것이 신문이 아닐까. 날마다 새롭게 돋아나는 세상을 받아드는 아버지였다. 하지만 신문 밖의 세상에는 좀처럼 적응을 하지 못하였다. 조류가 급변하는 바다에서 원하는 좌표에 도달하기에는 배에 실린 먹물이 너무 무거웠는지도 모르겠다. 아버지는 어머니가 돌아가시고, 홀로 견뎌온 긴 세월동안에도 신문을 손에서 놓지 않았다. 신문은 또 다른 아버지의 세상이 되었다.

그러나 신문에 드러나는 세상과 우리네의 세상살이는 얼마나 다른가. 돋을새김의 아래에는 행간이라는 깊은 골짜기가 있다. 어쩌면 그 골짜기마다에 세상살이라는 무연한 강물이 흐르고 있는지도 모를 일이다.

나는 아버지의 방을 청소하기 시작했다. 쇠약한 몸을 뒤척인 흔적이 켜켜이 배어 있는 이부자리가 그대로 깔려 있었다. 약과 휴지, 손톱깎이와 효자손 같은 자질구레한 물건들이 널려 있고, 책상 옆으로 가지런히 쌓여 있는 신문이 보였다. 신문은 창문 아래에도, 장롱과 벽 사이에도 차곡차곡 쌓여 있었다.

아버지가 보았던 신문을 펼쳐 보았다. 활자와 사진들로 가득한 세상의 탁본이 나타났다. 신문 어디쯤에 먹물로 찍은 아버지의 좌표가 세상으로 나아가지 못한 채 남아 있을 터였다.

펼쳐진 신문에서 하얀 점으로 소실된 아버지의 좌표가 흐릿하게 보였다. 그곳에서 바라본 항구에는 곤고한 삶으로 하루하루 낯달처럼 사위어 가는 아내와 밤하늘 별들처럼 초롱한 어린 자식들의 눈망울이 아른거렸을 것이다. 당당히 입항하지 못하고 좌표와 좌표 사이를 떠돌았을 아버지의 빈 배가 저만치 사라졌다. 신문지 위로 눈물 한 방울이 툭 하고 떨어졌다.

나는 비닐 끈을 가져다가 들어내기 좋도록 신문지를 십자로 묶었다. 한쪽에 포개어진 신문지 뭉치들은 마치 주인을 잃은 이삿짐처럼 쓸쓸해 보였다. 이제 이 방에 신문이 쌓이는 일은 없을 것이다.

지나온 시절, 한때는 세상을 찾아 나섰던 아버지의 지도였고 때로는 도피처였으며 누구보다도 마지막까지 친구로 곁에 남아 있던 신문이었다. 신문을 들어낸 자리가 아버지의 부재처럼 휑하니 다가왔다.

오후의 늘어진 햇살이 창문턱을 넘어들어 방바닥에 사각형의 밝은 빛 그림자를 그리고 있었다. 그곳에 이제는 먹물이 증발해 버린 아버지의 신문이 하얗게 펼쳐져 있는 것이 보였다.

햇살이 좋은 어느 가을날, 나는 신문 한 장을 아버지 산소 앞에 펼쳐놓았다. 신문에는 이 글이 ≪주변인과 문학≫이 주최한 공모전에서 본상에 당선되었다는 소식이 실려 있었다.

등짐

화창한 봄 햇살은 창문을 기웃거리는데, 이곳 중환자실에는 살얼음판 같은 긴장이 감돌고 있다. 워낙 쇠약한 분들이 계시는 요양병원이다 보니 언제 무슨 일이 생길지 모르기 때문이다. 며칠 전 옆 병상에 계시던 환자 한 분이 돌아가신 뒤로, 아버지도 한동안 열에 시달리셨다. 간호사는 간밤 아버지의 상태에 대해 소상히 들려준다.

아버지는 두 눈을 감고 있다. 이제는 자꾸 흐릿해지기만 하는 세상이다. 눈빛이 조각해 내던 환한 세상은 어스름한 어둠속으로 잠기고 있을 터였다. 파장을 맞은 장꾼이 주섬주섬 난전을 접는 장터처럼 기억속의 풍경들을 하나둘 지우면서 말이다.

눈곱으로 엉겨 붙은 눈 위에 물티슈 한 장을 올려놓는다. 눈곱이 눅진해 지기를 기다려 조심스레 닦아낸다. 비로소 뜨인 눈이 초점을 찾느라 잠시 멍하다. 간유리에 여과된 것처럼 아버지의 눈빛에는 반짝임이 없다. 큰딸을 알아본 눈동자가 조금 커지며 촉수를 높이는가 싶었는데, 이내 눈꺼풀에 덮이고 만다.

나는 소매를 걷고 아버지의 팔 다리를 주무르기 시작한다. 앙상한 것이 한겨울 나뭇가지 같다. 그렇게 몸이 앙상한데도 등은 바윗덩어리처럼 침대를 누르고 있다. 나는 아버지의 한쪽 어깨를 조금 들고 매트와 등 사이로 손바닥을 끼워 넣는다.

지난했던 삶이 아직도 아버지를 누르고 있는 것일까. 아버지의 등은 눅눅하다. 한 치의 틈도 주지 않는 무거운 삶을 들추고 바람 한 줄기를 스치게 하기 위해 나는 안간힘을 쓴다. 등을 훑고 나온 내 손 마다마디가 발갛다.

아버지의 눅눅한 등이 좋았던 시절이 있었다. 저녁이면 마을 아래 강둑으로 아버지를 마중 나갔다. 붉은 노을이 깡그리 잦아지고 난 후에야 일을 마친 아버지는 땀이 베인 눅눅한 등을 내밀었다. 그 등에 귀를 대면 아버지의 심장소리도 들을 수 있었다. 땅거미가 깔리는 길을 따라 집으로 돌아오면서, 초등학교 이 학년이었던 나는 집이 아주 멀었으면 좋겠다고 철없는 생각을 하기도 했다.

집에는 노년에 시력을 잃어버린 할아버지와 병든 할머니가 아버지를 기다리고 있었다. 어린 동생들도 밥상머리에서 제비 새끼들처럼 입을 벌리고 아버지를 반겼다. 하루 품삯으로 국수를 삶아 끼니를 준비한 어머니가 저녁상을 차렸다. 할아버지와 겸상을 하기 위해 돌아앉은 아버지의 등 뒤로 뿌연 들창에서 스며든 어둑살이 내려앉았다.

아버지의 등에서는 눅눅한 냄새가 난다. 햇살이 들지 않는 골방에 오랫동안 묵혀둔 보따리에서 나는 냄새 같다. 가족이라는 벗을 수 없는 등짐을 지고 한평생을 살아온 등에서 나는 냄새이다. 나는 등을 긁으며 그 냄새를 맡는다. 들이킬 때마다 가슴 한쪽이 저려온다.

　어쩌면 나조차도 아버지의 등에 지워진 등짐 중 하나였는지도 모르겠다. 여름방학이 끝나자 아버지는 나를 서울에 있는 외가로 전학을 보냈다. 명분이야 공부를 시키기 위함이라 하였지만, 사실은 입 하나 덜기 위한 방편이기도 하였을 것이다. 어렸지만 아버지의 등에 얹힌 등짐을 어렴풋이나마 보았던 것일까. 나는 아무 말도 하지 않고 집을 떠났다.

　큰딸을 처가에 맡겨놓고 아버지의 등짐이 조금은 가벼워졌을까. 그런 것 같지는 않았다. 간혹 멸치며 미역 등속이 바닷내를 풍기며 소포로 부쳐져 왔다. 외가 식구들은 대수롭지 않게 여겼지만, 나는 그것들에게서 나는 눅눅한 냄새를 맡았다.

　등짐이 너무 무거우면 내려놓고 싶어지는 법이다. 살다보면 그럴 기회가 오기도 한다. 외가 쪽 먼 친척 하나가 나를 입양하겠다며 나섰다. 이북에서 피난 올 때 가져온 자본으로 인천에서 학교법인을 운영하는 사람이었다. 그의 며느리가 오랜 결혼 생활에도 불구하고 아이를 낳지 못했던 것이다. 대학도 가르치고 유학도 보내겠다고 했다. 아마 상당한 사례를 암시하기도 하였을 것이다.

　소식을 들은 아버지는 아이를 돌려보내 달라는 긴 편지를 보내왔다. 서울에 올라올 차비가 없었던 것이다. 밤 기차를 타고 부산역에 내렸을 때는 희뿌연 새벽이었다. 바다 안개가 자욱한 플랫폼에 아버지가 마중을 나와 있었다. 달려드는 어린 딸을 끌어안고 머리를 쓰다듬은 아버지는 말없이 등을 내밀었다. 나는 다시 아버지의 눅눅한 등에서 잠이 들었다.

나는 가끔씩 예전에 아버지가 보내왔던 멸치나 미역처럼 음료수나 빵 등속을 간호사와 간병인들에게 내어놓는다. 이제는 아버지가 내 등에 등짐으로 얹혀 있으므로 그것들에게서도 눅눅한 냄새가 나는지도 모르겠다. 매달 날짜를 지켜 병원비를 내고, 매일 병원 직원들에게 눈도장을 찍으며, 어쩌면 나는 이곳에 내 등짐을 아주 내려놓은 것은 아니라고 나 자신에게 긴 편지를 쓰고 있는 것인지도 모르겠다.

나는 한 번 더 어깨를 들추고 아버지의 등을 훑는다. 구겨진 시트며 환자복의 끈에 배긴 자국이 만져진다. 손끝에 힘을 주어 살살 긁는다. 눈을 감고 있어도 시원해하시는 표정이 역력하다. 물통에 새 물을 받아놓고, 이부자리를 다시 한 번 매만지고는 병원 문을 나선다.

하루가 다르게 부풀고 있는 매화 꽃망울들이 병원 담 너머로 손짓을 하며 아는 체를 한다. 살아있는 것들과 눈을 마주치는 것만으로도 힘이 날 때가 있다. 봄 햇살이 따뜻한 손바닥을 내밀어 내 등을 어루만져준다. 등을 펴고 다시 발걸음을 내딛는다.

아버지가 돌아가셨다. 이제는 더 이상 아버지의 등에서 나는 눅눅한 냄새를 맡을 수 없다. 여전히 가슴 한 쪽이 저리다.

유년의 집

세월의 흔적이 검버섯처럼 거뭇거뭇 앉아 있는 돌계단 앞에 선다. 늙은이의 이처럼 기울고 허물어진 곳마다 시멘트로 메운 허연 자국들이 돌 틈에 숨어있다. 그 계단 위에서 이제는 쇠잔해진 내 유년의 집이 고적한 표정으로 나를 굽어본다. 천천히 계단에 올라서니 군데군데 칠이 벗겨진 청색 철제 대문이 옛 기억을 떠올리고 있는 듯하다. 하얀 사각 초인종이 엽서 위의 우표인양 여전히 반듯하게 붙어있다.

흰 블라우스에 검은 멜빵 치마를 입은 여덟 살 소녀는 언제나 초인종에 손이 닿지 않았다. 땋은 머리에 달린 붉은 리본처럼 얼굴이 빨개지도록 애를 써서 손을 뻗어 보아도 꼭 손가락 하나 길이만큼 키가 모자랐다. 그럴 때면 영영 대문이 열리지 않을 것 같은 괜한 두려움에 가슴이 두근거렸다.

메고 있던 책가방을 벗어 놓고 그 위에 신발주머니를 올렸다. 한 손을 담장에 짚고 몸의 균형을 유지하며 다른 손으로 간신히 초인종을 누를 때까지 몇 번의 시도가 필요했다. 그런 소녀를 바라보며 담장 밖으로 솟아있는 대추나무가 잔바람에 반짝이는 잎들을 찰랑대며 깔깔거렸다.

 마침내 집안일을 도와주는 점이 언니가 졸음에 겨운 표정으로 대문을 열면, 나는 아무 일도 없었다는 듯 태연하게 집으로 들어갔다. 그리고 초인종에 손이 닿을 만큼 키가 자랄 때까지 간간이 높은 곳에서 떨어지는 꿈을 꾸었다.

 초인종을 누르자 황급한 발걸음 소리가 들린다. 이모는 대문을 열기가 무섭게 내 손을 맞잡는다. 대추나무는 시멘트로 발라진 마당 모서리에서 이제는 고사목이 되어 있다. 그 옆 등나무가 있었던 자리에 눈길이 머문다. 아무 흔적도 찾을 수 없건만 유년의 맥동이 혈관을 타고 서서히 흐르기 시작한다.

 대문에서 현관에 이르는 자그마한 마당은 여름만 되면 울창한 등나무 넝쿨로 뒤덮였다. 곧이어 보랏빛 샹들리에 같은 꽃송이들이 주렁주렁 달리기 시작하면 환상의 무도회가 열리곤 했다. 열두 살의 나는 등나무 아래에 놓인 평상에 누워 갓 봉긋해지기 시작한 앞가슴에 두 손을 모으고 눈을 감았다. 언젠가 텔레비전에서 보았던 유럽의 무도회 장면이 떠올랐다. 왈츠가 흐르고 검은 연미복의 신사와 화려한 드레스로 성장을 한 아가씨들이 인사를 했다. 바람에 흔들리듯 선율을 따라 아름다운 춤이 시작되었다. 흥에 겨워진 나는 두 손을 휘저으며 지휘를 하다가, 어느덧 보라색 드레스를 입고 왕자와 혼연일체가 되어 춤을 추고 있었다. 호흡이 느껴질 정도로 얼굴이 가까워졌는가 싶었는데 살짝 입술이 스쳤던가. 가슴에 저릿한 통증을 느끼며 눈을 뜬 내 얼굴 위로 보라색 꽃잎이 꽃비가 되어 떨어졌다.

현관에 들어서면 바로 연결되는 세 평 남짓의 문간방이 내 방이었다. 한쪽 벽에 붙어 서 있는 책장과 날렵한 손잡이를 가진 녹색 캐비닛, 육중한 몸집에 어울리지 않을 만큼 밝은 갈색의 책상이 그 방에 있는 물건의 전부였다. 마름모꼴의 조그만 간유리가 달린 문을 열면 외할머니가 쪽진 머리로 뜨개질을 하고 있는 거실이 나타났다. 말하자면 이 집에 드나드는 모든 사람들은 이 방을 거쳐야 하는 구조였던 것이다.

역사의 산봉우리와 개인사의 질곡을 거쳐 온 외할머니는 철의 여인이었다. 아들 넷과 딸 넷을 낳은 외할머니는 이북 고향 산천에 아들들을 묻고 오롯이 딸들만을 데리고 삼팔선을 넘었다. 낙천적이었던 외할아버지를 재촉해가며 전후 대구시장에서 찐빵장사를 하셨다고했다. 네 딸 가운데 유난히 공부에 관심이 없었던 큰딸인 우리 엄마를 결혼시키고, 나머지 딸들의 교육을 위해 80평 정도의 이 집을 마련하고 상경을 한 것이다.

그런 외할머니에게 찢어지게 가난한 생활을 면치 못하는 큰딸은 스스로에게 숨기고픈 상처였을지도 몰랐다. 저러다가 똘똘한 외손녀가 학교도 다니지 못할 것 같아서 거두고는 있었으나, 무능한 사위를 상기시키는 것은 어쩔 수 없는 일인가 보았다. 사위에 대한 분노가 차오르는 밤이면 외할머니는 낮지만 단호한 목소리로 가슴 속 응어리들을 쏟아내었다.

자리에 누워 이불을 뒤집어써도 문틈으로 새어드는 말들은 비수가 되어 어린 가슴에 꽂혔고 심장은 얼음물에 잠긴 듯 죄어오는 것이었다. 그러다가 흐느끼며 스며들었던 잠에서 한순간 눈을 뜨면 잘 벼린 칼로 단숨에 자른 것 같은 정갈한 어둠이 방안에 가득했다. 창문에는 담장을 타고 오른 포도넝쿨이 손바닥을 일렁이며 창호지에 기괴한 무늬들을 그려내고 있었다. 무한한 우주에 홀로 남겨진 아이처럼 나는 나를 둘러싼 알 수 없는 감정들이 지나갈 때까지 꼼짝하지 않고 누워 있었다.

아침은 늘 외할아버지의 비질 소리로부터 시작되었다. 큰길에서 막다른 골목의 마지막 집 앞까지가 외할아버지의 구역이었다. 외할머니의 지청구에도 불구하고 양쪽으로 마주보며 줄지어 서 있는 열 집의 대문 앞은 언제나 깨끗했다. 큰길가 낙건네 가게 아저씨가 학교에서 돌아오는 내 손에 사탕을 쥐여 준 것이나, 맞은편 하얀 타일집 아주머니가 아이스게끼를 사 준 것도 다 외할아버지 덕분이었다. 외할아버지는 집안의 조그만 빈터에도 꽃이나 채소를 심고 세심히 보살폈다. 부지런하고 따뜻했던 외할아버지가 없었다면 대추나무의 깔깔거림도, 등나무 꽃의 흐드러짐도, 포도나무의 성숙함도 없이 이 집은 박제되었을지도 모를 일이다.

다른 친구들은 외갓집이 시골에 있었지만 부산이 집이었던 나는 거꾸로 서울에 외갓집이 있었다. 부모 밑에서 자라다가 방학 때마다 외할머니의 품으로 달려드는 그런 외갓집이 아니었다. 한동안 마치 언젠가는 치워져야 할 물건처럼 어정쩡한 모습으로 이 집의 문간방에 얹혀 있었다. 오직 외할아버지의 온기에 의지하며 옹이 지고 뒤틀어진 작은 분재 같은 유년의 내가 아직도 육중한 책상에 앉아 나를 바라보고 있는 것 같다.

이모를 따라 문간방을 지나 거실로 들어선다. 외할아버지와 외할머니의 사진이 나란히 걸려 있다. 이제 두 분이 돌아가신지도 이십 년이 넘었다. 부모를 부양하며 홀로 살아온 이모도 칠순의 나이다. 주위의 이웃들이 모두 떠난 뒤에도 이모는 외할아버지의 문패가 걸려 있는 이 집을 떠나지 못했다. 곳곳에 금이 가 내려앉고 쇠락해가는 이 집에서 이모도 함께 세월에 풍화되어가고 있다.

외할아버지가 돌아가시자 집을 둘러싸고 있던 생기가 급격하게 사라지기 시작했다. 집 둘레에서 자라던 풀포기에서부터 꽃과 나무들까지 시들고 사위어 갔다. 집 밖 뿐만이 아니라 집 안에서도 웃음소리와 말소리가 잦아들었다. 매일 아침 울리던 종소리가 그치고 시간이 고이는 것 같았다. 그즈음 나도 부산의 집으로 돌아갔다.

때로는 마음에서 외갓집을 떠올리는 것조차 힘들었던 시기가 있었다. 그러나 세월이 약이라던가. 아이들이 자라 학교와 직장을 따라 떠나고, 내 둥지가 빈 것 같은 느낌이 들자 이상하게도 외갓집에 가 보고 싶어졌다. 그곳에서 아직도 어깨를 움츠리고 발밑을 바라보고 있는 나를 만나 가만히 안아 주고픈 마음이 들었다.

그리고 지금의 내 나이 언저리였던 그때의 외할머니도 회상하고 싶었다. 어쩌면 강철 같아 보이던 그녀의 뼈가 사실은 숭숭한 구멍 투성이였다는 것을, 그 차가움은 구멍을 드나드는 바람 때문이었다는 것을 알게 될지도 모를 일이다. 어찌 살아보지 않고서야 그 인생을 알겠는가.

문득 사람이 집이라는 생각이 든다. 한 번 지으면 백 년 가까이 그 집에 사는 사람들과 함께 숨을 쉬고, 그 채취에 물들어 가며 집도 나름의 생애를 살아간다. 이 집은 지금 노구를 지탱하며 겨우

유년의 집 69

버티고 있다. 다리 수술을 한 이모가 지팡이를 짚고 있는 모습과 어찌 이리 닮았는가. 머지않아 이모와 함께 이 집도 자신의 여정을 끝내고 고단한 몸을 누일 것이다.

  밤이 깊어도 이모와의 이야기는 그치지 않는다. 회상의 나무에서는 우수수 낙엽이 떨어진다. 늦가을 밤이 낡은 기와지붕 아래서 시공간을 넘나들고 있다. 비로소 내 가슴속 유년의 집에서 따뜻한 불빛이 흘러나온다.

유년의 집은 추억으로 짓는 집이다. 그래서 '하울의 성'처럼 움직이기도 한다. 그 집이 무릎걸음으로 다가 앉으며 대문을 열어준다. 열린 대문 사이로 여덟 살 갈래머리 아이가 뛰어놀고 있는 것이 보인다.

비밀의 계절

햇살이 부서지기 시작했다. 겨우내 장독대에 쌓여서 하얀 돌처럼 굳어 있던 눈이 햇살과 부딪쳐 사금파리처럼 반짝반짝 빛을 내며 녹고 있었다. 이윽고 장독 뚜껑이 맨 이마를 드러내자 외할머니는 양계장 청소를 시작했다.

옥상의 창고를 개조해서 만든 가정용 양계장이었다. 긴 막대에 빗자루를 묶어 천장의 거미줄부터 걷어 냈다. 맞바람이 치도록 양쪽 문을 모두 열어 놓고 구석구석을 털고 쓸었다. 짚단을 태워 연기를 피우자, 겨우내 웅크리고 있던 냉기가 아쉬운 듯 양계장을 한 바퀴 휘돌고는 슬그머니 물러갔다.

곧이어 구석에 사료 포대가 쌓이고, 날개에 갓 깃털이 돋은 삼십여 마리의 노란 병아리들이 양계장에 채워졌다. 이제부터 물과 모이를 주는 것은 방과 후 나의 소임이었다.

병아리들은 시끄럽기는 했지만 쑥쑥 잘 자랐다. 빠진 솜털이 민들레 홀씨처럼 양계장을 휘휘 돌아다녔다. 길어지는 봄볕만큼 하루가 다르게 깃털이 자라고 꽁지깃도 돋아났다. 봉숭아 꽃잎 같은 분홍색이 돌던 벼슬이 맨드라미의 붉은색을 닮아가기 시작하면 중닭

비밀의 계절 73

이 되어 간다는 표시이다.

나는 학교에서 돌아오자마자 양계장으로 달려가 더 많은 모이와 물을 주었다. 이따금 외할머니가 썰어 주시는 푸성귀도 한 아름씩 가져다 주었다. 그리고 여름방학이 얼마 남지 않은 즈음, 마침내 산란이 시작되었다.

그날의 양계장은 여느 때와는 다른 풍경이었다. 문을 열자 천장 가까이 난 작은 창에서 뿌연 햇살이 흘러들었다. 햇살은 모이통 아래의 알받이에 굴러 떨어진 세 개의 조그만 알들을 조용히 비추었다.

꾸룩거리는 암탉의 검은 눈을 차마 마주 보지는 못하였지만, 알 수 없는 세계에 손을 뻗은 것 같이 전율이 흐르며 가슴이 두근거렸다. 알들은 너무나 신비로웠다. 그것들은 물결에 씻기는 조약돌처럼 흐르는 햇살에 잠기어 하얗게 빛났다. 어린아이의 손바닥으로도 감쌀 수 있을 만큼 작은 알들이었다. 스스로 발열이라도 하는 것인지 손바닥에 따끈한 열기가 새겨졌다. 그 열감은 마치 화인처럼 오래도록 지워지지 않았다.

병아리가 자라 알을 낳는 암탉이 되자 여름이 되었다. 복날이 줄지어 있는 여름은 닭들에게는 잔인한 계절이다. 애초에 잡아먹기 위해서 키운다는 것을 몰랐던 것은 아니었다. 하지만 외할머니가 꺾인 닭의 두 날개를 발뒤꿈치로 밟고서 우물가에 있는 숫돌에 칼을 문대는 소리를 들으면 늘 가슴이 서늘해졌다. 우물이 바라다 보이는 마루에 배를 깔고 엎드려 방학숙제를 하다가도 그 소리를 들으면 겨드랑이에서 땀이 솟곤 하였다.

이제 곧 외할머니는 암탉을 잡을 것이다. 여름의 더위 때문이 아닌 또 다른 열기로 나는 식은땀을 흘렸다. 엎드린 채, 두 손에 얼굴을 묻고 숨을 죽였다. 눈을 가린다고 보이지 않는 것은 아닌 모양이었다. 눈을 꼭 감고 있는데도 정작 외할머니의 동작 하나하나가 머릿속에서 선명한 그림처럼 떠올랐다. 멱을 따고 뜨거운 물을 퍼부어가며 털을 뽑고, 이제 정말 배를 가를 순간이 되었다. 나는 고개를 들고 눈을 떴다.

이전에도 여러 번 이런 순간이 있기는 했다. 하지만 외할머니가 나를 등지고 앉아 있거나, 물통 같은 것이 가로놓여 있거나, 차마 내가 고개를 들지 못하거나 하여 나는 아직 암탉의 뱃속을 보지 못했다. 그러나 이번에는 꼭 알의 비밀을 알아내고 싶었다.

피와 털로 어지럽혀진 우물가는 마치 제사장에 의해 제물이 바쳐진 신전 같았다. 그곳은 한낮의 햇살 아래 한껏 팽창한 두려움과 기대로 하얗게 바래져 있었다. 그리고 갈라진 암탉의 배에서는 김이 모락모락 피어올랐다.

외할머니의 손에 의해 다른 장기들과 함께 밖으로 끄집어내어진 그것은 노란 찰흙으로 만든 포도송이 같았다. 핏기가 감도는 내막에 크고 작은 노란 포도알들이 성글게 매달려 있었다.

암탉의 뱃속에서 쏟아져 나온 것들은 그 어느 것도 알과 닮아있지 않았다. 비리고 역했다. 그것들은 암탉의 마지막 순간을 보여주는 잔해들일 뿐이었다. 그리고 장기를 다 들어낸 암탉의 뱃속은 동굴처럼 깊어 보였다. 마치 배를 가르는 순간 무언가가 증발되고 텅 비어버린 것처럼.

비밀의 계절

신탁은 실패한 것일까. 제물의 희생에도 불구하고 알의 비밀은 드러나지 않았다. 그날 이후로 나는 진땀을 흘리며 도계 현장을 엿보는 짓을 더 이상 하지 않았다. 뿐만이 아니라 아직 채 피지 않은 꽃봉오리를 억지로 헤집어 보거나, 개구리 알을 헤쳐 보는 짓도 그만두었다. 어렴풋이 생명을 훼손하는 행위로는 생명의 비밀을 알아낼 수 없다는 것을 느꼈을지도 모를 일이다.

열풍의 갈기 사이로 선뜻 갈바람이 불자 여름방학은 끝이 났다. 겨드랑이에 솟는 땀과 함께 대부분의 호기심을 소진한 나는 왠지 조금은 냉소적인 소녀가 되어 있었다. 어차피 알의 비밀은 결코 알아낼 수 없으리라는 것을 직감이라도 한 듯이.

그 후로도 세월의 강물은 이런저런 비밀의 문 앞으로 나를 떠밀었다. 그러나 신기하게도 비밀을 알아내기 위해 실체를 파헤치는 순간, 늘 비밀은 증발해 버렸다. 그날 암탉의 잔해들로 어지러웠던 우물가처럼 파헤쳐진 사실은 종내 비밀을 증명하지 못하곤 했다.

복날, 뱃속을 드러낸 삼계탕 앞에서 내 유년의 끝을 알린 암탉을 떠올린다. 삼계탕의 뱃속에는 찹쌀과 대추가 가득하다. 그것들을 떠먹으며 나는 다시는 돌아오지 않을 그 뜨거웠던 비밀의 계절로 잠시 돌아가 본다.

'살충제 달걀 번호'라는 표를 전보처럼 받았다. 나는 냉장고를 열어 남아있는 몇 알의 달걀을 표와 대조해 보았다. 황토색 껍질에 녹색으로 표기된 생산지 번호는 마치 수인번호 같았다. 털 빠진 목을 창살 사이로 길게 늘어뜨린 암탉이 떠올랐다. 나는 암탉의 이 절박한 상황을 누구에게라도 알려야 할 것 같아 자판 앞에 앉았다. 수신자 없는 전문을 타전하는데, 자꾸만 손끝이 떨렸다.

복권

아버지의 유품을 정리하다 수첩 사이에 끼인 복권 한 장을 발견했다. 당첨 날짜는 지나갔지만 당첨 여부는 아직 확인하지 못한 것이었다. 필히 자동판매기가 선택했을 숫자들은 끝내 해독하지 못할 난수표에 적혀 있는 숫자들 같았다. 서로의 연결 고리를 발견하지 못한 채 무슨 기호처럼 나란히 찍혀 있었다.

병상에서 몸을 움직이지 못하게 된 아버지는 외출을 나가는 환자들이나 간호사들에게 부탁해 복권을 사오게 했다. 겨우 마련한 병원비를 납부하고, 그냥 돌아서기가 마음이 편치 않아 쥐여 드리는 몇 푼의 용돈으로 늘 그렇게 복권을 사시는 것이었다. 아마도 이 복권을 산 것이 아버지가 살아서 하신 마지막 경제적 행위였을 것이다. 수첩 표지에서 발견된 몇 만원과 함께 아버지의 유일한 유산이 된 복권이었다. 여동생은 혹시라도 당첨이 되었으면 좋겠다며 복권을 향해 화살을 쏘는 시늉을 했다.

화살은 이번에도 빗나가고 말았다. 끝을 갈아 날카롭게 만든 대못을 고무줄로 챙챙 감아 나뭇가지에 고정시킨 초라하기 짝이 없는 화살이었다. 나뭇가지는 아이들의 손때가 묻어 새까만데다가, 무슨 칠이라도 한 듯 번들거렸다. 꼬리에는 진홍색으로 물들인 장닭의 깃털이 달려있었다. 가끔씩 동네 공터에 천막을 치는 서커스단의 깃발처럼 그 깃털은 아이들을 고무시켰다. 하굣길에 석양을 등진 채 너절한 좌판을 둘러선 꾀죄죄한 아이들 사이에서 그 깃털은 높이 들어 올려졌다가 힘차게 내리꽂히곤 했다.

그러나 나는 내 화살이 빗나간 것이 그 깃털 때문이라고 생각했다. 아이들의 기대를 한껏 부풀게 하는 화려한 깃털이 사실은 화살이 날아가는 방향을 바꾸는 것이 아닐까 하고 말이다. 그렇지 않고서야 침까지 발라가며 야무지게 던진 화살이 두 번이나 빗나가며 땅에 떨어지겠는가 말이다. 마지막으로 던진 하나의 화살이 뱅뱅 도는 원판에 꽂혔지만, 그곳은 광활한 '꽝'의 영역이었다.

손톱 밑에 때가 새까맣게 낀 뽑기 아저씨가 건네주는 눈깔사탕 하나를 받아들고, 설탕을 녹여 부어 만든 동상 같은 마징가 제트를 쳐다보았다. 봄 햇살이 퍼지듯 마른버짐이 퍼져 가는 동생들 얼굴이 떠올랐다. 본전 생각이 간절했지만 어쩔 수 없는 일이었다. 나는 아이들을 헤집고 나와 집으로 발길을 돌렸다.

그날 저녁, 아버지와 나는 텔레비전 앞에 나란히 앉았다. 주택복권 추첨이 있는 날이었다. "준비하시고…" 아나운서의 신호에 따라 짧은 치마를 입은 아가씨가 활시위를 당겼다. "쏘세요." 화살은 시위를 떠나 전방에서 돌아가고 있는 하얀 원판을 향해 날아가다, '딱' 하는 소리와 함께 과녁에 꽂혔다. 나의 눈도 뒤따라가 꽂혔다. "1조…" 나는 아버지가 늘어놓은 몇 장의 복권 중에서 재빨리 1조를 찾아 따로 제쳐놓았다. 과녁에 다가가 박힌 화살을 빼며 숫자를 확인하는 아가씨의 손에 들린 화살 끝에도 양쪽으로 돋아난 작은 깃털이 보였다. 무릇 날아가는 모든 것에는 깃털이 필요한가 보았다.

아버지는 푼돈이라도 여유가 생기면 매주 복권을 샀다. 하지만 정말 나의 깃털론이 유효했던 것인지 당첨이 되는 일은 일어나지 않았다. 어쩌다 끝자리가 맞아 다음 회 복권으로 바꿔오는 심부름을 하기는 했지만, 하다못해 당첨금으로 사탕 한 봉지 사 먹는 일조차 생기지 않았다. 저녁끼니로 국수를 삶으며 여태 복권 산 돈을 모으면 벌써 집 한 채는 샀을 거라는 어머니의 지청구에 아버지는 여느 남자들 술값도 안 되는 돈이라고 의연하게 응수했다. 아버지는 평생 술은 입에도 대지 않았지만 복권은 끝내 끊지 못했다.

당첨되지 못한 복권은 찢겨져 쓰레기통에 버려졌다. 어떤 때는 구겨진 채로 방바닥에서 이리저리 돌아다니기도 했다. 한 번은 그런 복권을 펴 보았더니 신산한 운명을 타고난 자의 손금처럼 잔금이 가득했다. 어쩌면 본래 그러한 운명이었으나 화살이 빗나가기 전까지 그 운명을 유예한 것인지도 몰랐다.

일주일간의 유예 기간 동안 아버지 주머니 속의 복권에도 작은 깃털이 돋았는지도 모르겠다. 바야흐로 모두들 이카루스*의 날개를 만들어 달고 가난의 감옥에서 탈출하던 산업화의 시대에 도무지 잉여의 기미라고는 보이지 않는 하루하루를 살아야 했던 아버지가 아니었던가. 그 이유가 무엇이었던 간에 복권에 돋은 작은 깃털 하나가 아버지의 삶의 중력을 조금이라도 가볍게 한 것은 사실이었을 게다. 비록 일주일 뒤에는 맥없이 빠져버린다 하더라도 말이다.

이제 화살로 번호를 맞히던 복권은 둥근 공을 무작위로 추출하는 방법으로 바뀌었다. '로또명당'이라 써진 현수막이 사람들을 불러 모았다. 현수막에는 어느 회에 이곳에서 복권을 산 사람이 일 등에 당첨되었는데, 얼마 지나지 않아 또 이 등 당첨자가 나왔다고 선전하고 있었다. 토요일 오후만 되면 그 편의점 앞에는 복권을 사려는 사람들이 긴 줄을 섰다. 집으로 돌아가는 길 건널목에서 신호를 기다리며 나는 그 사람들을 바라보았다.

중소 산업단지가 인접해 있는 터라 그들 중에는 작업복 차림의 사람들이 많았다. 여전히 이카루스의 날개를 가질 수 없는 사람들이 그 가게에서 작은 깃털을 하나씩 사고 있었다. 그들은 저녁 술자리에서 문득 생각이 났다는 듯이 휴대폰으로 당첨 번호를 검색해 볼 것이고, 복권을 구겨서 바닥에 버릴 것이고, 쓴 소주 한 잔을 입안에 털어 넣을 것이다. 그리고 돌아가는 길에 또다시 복권 한 장을 살지도 모르겠다.

집에 돌아와 세탁물을 정리하고 있는데 여동생으로부터 아버지의 마지막 복권이 '꽝'이라는 전화가 왔고, 남편의 바지 주머니에서는 구겨진 복권 한 장이 깃털처럼 떨어져 내렸다.

* 이카루스 : 새의 깃털을 모아 밀랍으로 붙여서 만든 날개(그리스 신화).

어린 시절에는 매주 복권을 사는 아버지를 응원했고, 어른이 되고 나서는 매주 꾸는 아버지의 허황한 꿈을 무시했다. 이제 아버지의 마지막 복권마저 '꽝'이 된 지금, 아버지의 절박했던 삶을 통감한다. 혹여 당첨이 되면 평생 달셋방을 전전하게 했던 자식들에게 미안해서 그저 번듯한 집 한 채 사고 싶으셨을 것이다.

달의 귀환

텔레비전

속엣소리

뒷골목

달의 귀환

달이 확 다가왔다. 화면을 가득 채운 달의 표면은 여름 장마가 끝나고 바짝 말라 버린 학교 운동장 같았다. 드디어 이글의 문이 열리고 닐 암스트롱이 사다리를 타고 내려오는 뒷모습이 보였다. 아나운서는 이제 곧 인간이 달에 첫 발자국을 찍을 순간이 다가왔다는 말을 흥분된 목소리로 거듭하고 있었다.

사다리를 반이나 내려왔을까. 갑자기 화면이 흔들리더니 정지되어 버렸다. 텔레비전 앞에 모여 앉아 눈이 빠져라 쳐다보던 동네 사람들의 입에서 짧은 탄식이 흘러나왔다. 누군가가 안테나를 손보러 뛰쳐나가려는 순간, 다시 화면이 돌아왔다.

달의 표면에 첫 발을 디딘 암스트롱은 커다란 고무공처럼 통통 튀었다. 그는 '고요의 바다'라 불리는 마른 웅덩이에 깃발을 꽂은 뒤, "이것은 한 사람에게는 작은 한 걸음에 지나지 않지만, 인류에 있어서는 위대한 도약이다"라는 명대사를 읊었다. 1969년, 내가 11살 나던 여름의 어느 날이었다.

민낯의 달은 너무나 메말라 보였다. 계수나무도 토끼도 절구도 보이지 않았다. 그 말들을 전적으로 믿은 것은 아니었지만 조금은

달의 귀환 87

실망스러웠다. 한여름 밤, 쏟아질듯 한 별들 사이에서 노랗게 빛나던 그 달은 어디로 갔단 말인가. 우주선에서 보내왔다는 사진들에는 그저 마른 웅덩이가 움푹움푹 파인 피로한 표정의 달이 떠 있을 뿐이었다.

아마도 그때부터일 것이다. 밤하늘을 바라보며 저 달 뒤에는 무엇이 있을까, 은하수는 과연 흐르는 것일까 하는 따위의 생각을 더 이상 하지 않게 된 것이. 물론 산타클로스도 완전히 떠나갔고 인어공주, 피터 팬, 개구리 왕자들과도 멀어졌다. 나의 생각은 점점 불분명한 전체를 떠나 분명한 개체에 도달하기 위해 우주선처럼 계산된 속도로 치닫기 시작했고, 달은 서서히 잊혀졌다.

세상이 분명하게 보이는 동안만은 젊었다고 할 수 있는 것인지도 모르겠다. 한 가지 목표에 도달하기 위한 최단의 거리는 운동회 날 하얀 횟가루로 그어진 달리기 트랙만큼이나 분명했다. 학교에서는 일등이, 직장에서는 출세가, 사회에서는 성공이 그 끝에서 깃발처럼 나부꼈다. 우주선처럼 전력질주의 속도만이 구차하기만한 생활이라는 중력을 벗어나 그곳에 가 닿을 수 있을 터였다.

분명하게 드러난 최단거리를 쫓아가는 여정임에도 불구하고 이런저런 충돌이 일어났다. 아마도 주위를 따라가기에는 턱도 없이 부족했던 나의 속도 때문이었을 것이다. 나는 시시때때로 대오를 이탈하며 좌충우돌하였다. 마치 달처럼 메마른 가슴에 크고 작은 웅덩이가 파였다.

굳이 웅덩이에 이름을 붙인다면 '가난의 바다' 쯤이나 될까. 그 웅덩이는 너무나 넓어서 '학교 중퇴', '어머니의 병사', '동생의 해외

입양 등의 작은 웅덩이들을 내포하고 있었다. 한 가지 목표를 향해 빛의 속도로 질주하는 시대에 그것들은 드러낼 수 없는 상처가 되어 삶의 이면으로 감추어졌다.

깃발을 쟁취하지 못한 사람의 심리변화일까. 언제부터인가 분명하던 최단거리가 그 끝을 알 수 없게 모호해지기 시작했다. 깃발은 보이지도 않을 정도로 멀어졌다. 대오에서 완전히 낙오한 것이다. 그저 하루하루 피곤한 일상에 찌든 내가 세상에 뿌리내리지 못한 채 허연 낮달처럼 떴다가 지곤 했다.

아무리 낙오한 사람이라도 먹고사는 문제만은 해결해야 했다. 하루 종일 국밥을 만들어 팔았다. 저녁 손님이 끊어지고 가게를 정리하고 나면 밤 열 시를 넘기기가 일쑤였다.

물에 젖은 솜처럼 무거운 몸을 이끌고 집으로 돌아가던 어느 날이었다. 삼거리 교차로에서 신호를 기다리던 나는 신호대 위에서 나를 기웃거리는 달을 보았다. 하얀 종이를 오려서 만든 것 같은 달은 마치 삶이라는 연극 무대에 걸려 있는 소품 같았다.

그 뒤로 매일 밤 달은 그 자리에서 나를 기다렸다. 물론 궤도를 따라 멀어지기도 했지만, 어느덧 그 자리로 다시 돌아왔다. 메마르고 피로한 하루의 끝에서 만나는 달이 나에게 작은 위로가 되기 시작했다. 아마도 그때부터일 것이다. 달이 점차 잘 익은 감자처럼 노르스름한 빛을 띠기 시작한 것은.

큰마음을 먹고 여름휴가를 제주도에서 보내기로 했다. 마침 '블루문'이라 불리는 유난히 큰 보름달이 뜨는 날이라는 뉴스를 보았다. 성산봉에 도착했을 때는 이미 해가 기울고 사위가 어두워져 있었다. 언덕에 올라서자 한 줄기 바람에 떠밀린 달이 바위 봉우리를 비껴 나와 선뜻 내게로 다가왔다.

한껏 부풀은 보름달이 검은 바다 위로 금빛 가루를 흩뿌리며 내 눈앞에 둥실 떠 있었다. 나는 가슴을 펴고 달을 마주 보았다. 마치 달 속에 커다란 백열전구라도 켜 놓은 듯 거뭇거뭇한 웅덩이들이 그대로 얼비치고 있었다.

문득 내 가슴 속의 크고 작은 웅덩이들에도 노란 불빛이 켜졌다. 그제야 나는 알았다. 그 무늬들은 토끼도 아니고 계수나무도 아니고 절구도 아닌, 달이 궤도에 진입하기 위해 좌충우돌하며 입었던 상처가 아문 자국이라는 것을. 그리고 이제 가슴을 활짝 연 달이 환하게 웃으며 나를 바라보고 있다는 것을. 나는 두 팔을 벌려 달을 힘껏 껴안았다.

마침내 달이 돌아왔다.

달에게 돌아온 길을 묻지 말고 그의 가슴에 남은 상흔을 보라. 때로는 바라보는 것만으로도 충분히 알 수 있다.

텔레비전

그분이 돌아가셨다. 그것도 동짓달 그믐에 말이다. 돌이켜 보면 나는 참으로 그분을 사랑하였다. 그분도 나를 잠시도 놓아주지 아니하였다. 허구한 날들을 우리는 붙어 지냈다. 그분 앞에서 울기도 많이 울었고 웃기도 많이 웃었다. 인정 많고 박식하고 오지랖 넓은 그분을 누군들 사랑하지 않겠는가. 그런데 갑자기 검은 한 점으로 사라지다니. 세상이 텅 비어 버렸다.

나는 아주 어릴 적부터 그분을 알아왔다. 당시에는 귀하신 몸이라 안방 장 안에 모셔져 있곤 했다. 국가적 행사나 국제적 경기가 있는 날이면 그분 앞에 사람들이 구름처럼 모여 들었다. 흑백으로 휘날리는 태극기를 바라보며 결연한 심정으로, 때론 감정에 북받쳐서 눈물을 흘리기도 하였다. 교장 선생님이 훈시하시던 운동장에 있는 조회대처럼 높고 훌륭해 보였다.

내가 조금 자라자 신기하게도 그렇게 귀하신 분이 서슴없이 친구가 되어 주었다. 그것도 꿈속에서나 볼법한 총천연색 만화경을 내 눈앞에 펼쳐 보이면서 말이다. 나는 하루라도 그분이 보내주는 바다의 왕자 '마린보이'와 어디에서 나타났는지 모를 '황금박쥐'를 만나지 못하면 매우 쓸쓸하였다.
 이렇게 시작된 그분과 나의 사랑은 끝없이 이어졌다. 내가 암울한 사춘기를 보낼 때 그분은 가끔씩 청바지를 입고 통기타를 맨 가수에게 '하얀 손수건'을 들려 보내 눈물을 닦아 주곤 했다. 세상에 나 홀로 뚝 떨어져 버린 것만 같아 좀벌레처럼 책 속으로만 파고들 때에도 간간이 '알랭 드롱'과 '소피 마르소'를 보내어 그 나이쯤의 소녀가 지녀야 할 감성을 잃지 않게 해 주었다. 그리고 내가 갈 수 없는 곳에서 일어나는 상상조차 하지 못했던 많은 이야기들을 끊임없이 전달해 주었다. 그분을 통해서 세상을 알고, 살아가는 법을 배웠다 해도 과언이 아닐 것이다. 단 한 시기를 빼놓고는.
 준비된 돈도 없이 덜컥 결혼을 하기로 했다. 그래서 가전제품을 혼수로 사 갈 수가 없었다. 뒤늦게 남편이 직장에서 받아 온 부조금으로 단 한 가지의 가전제품을 살 수 있을 뿐이었다. 텔레비전을 사면 냉장고를 사지 못하고, 냉장고를 사면 텔레비전을 살 수가 없었다. 그럴 바에야 우리는 전축을 사기로 했다. 아름다운 음악을 들으며 신혼이 지나갔다. 세상이야 어떻게 돌아가든 무슨 상관이 있었겠는가. 불과 이 년에 지나지 않았지만 그분이 없는 세상에도 행복은 있었다.
 그러다가 딸아이가 태어났다. 나는 딸아이의 돌 선물로 받은 반지를 판 돈에 얼마를 보태어 기어코 텔레비전을 샀다. 그분은 내가 남편에게서 조금씩 잃어버리고 있는 만큼의 설렘과 감동을 손쉽게 채워 주었다. '드라마'라는 필살기가 있었던 것이다. 게다가 남편이 피곤하다며 한사코 외면하는 아이의 친구 역할도 군소리 없이 도맡아 주었다. '애니메이션'이라는 신무기 또한 장착되어 있었으니 말이다. 나와 아이는 대를 이어가며 그분을 사랑하였다.

그런데 그분을 사랑한 사람들이 우리만은 아니었나 보았다. 갈수록 그분의 인기는 하늘을 찌를 듯이 높아지고 있었다. 모두들 그분에게 선망의 눈길을 보내며 환호를 해대었다. 그러다 보니 점점 친구이기 보다는 군림하려고 하는 것 같은 느낌이 들기 시작했다. 생활에서의 그분의 존재감을 생각하면 어쩌면 당연한 태도일지도 모르지만 말이다.

그래서일까, 언젠가부터 마음 깊은 곳에서 그분과의 동거가 조금씩 불편해졌다. 현명한 듯하면서도 독선적인 태도가 눈에 거슬리기 일쑤였다. 앞뒤가 맞지 않는 이야기를 강변하는 것 같기도 하고, 보이지 않는 손에 조정당하는 것 같기도 했다. 가장 문제가 되는 것은 자신만이 세상의 중심이라고 끊임없이 외치고 있다는 데 있었다. 자신을 통해서만 세상을 보기를 강요했다. 그분을 마주하고 있으면 도무지 다른 생각을 할 수가 없었다. 첨단 지식을 전파하고, 최신 유행을 주도하며, 최고의 가치관까지 선정해 주었다.

일전에 근사한 새 아파트로 이사한 친구를 방문했다. 넓은 거실의 벽 가운데에 그분을 위한 대리석 받침대가 만들어져 있었다. 뒷면도 대리석으로 치장되어 있었음은 물론이다. 마치 집 안에 차려놓은 신전 같았다. 신전의 중앙에는 사각형의 커다란 새 텔레비전이 좌정하고 있었다. 우리는 그 앞에 그의 백성들처럼 얌전히 모여 앉았다. 친구가 자랑하며 리모컨을 누르자 텔레비전에서는 환한 빛이 쏟아져 나왔다. 문득 빛나는 저 사각의 틀을 벗어나면 암흑 천지

일 것만 같다는 생각이 들었다.

고대 그리스 천문학자들은 지구가 사각형의 평면이라고 생각했다. 그래서 배를 타고 끝없이 가다보면 그 끝에 도달하여 낭떠러지로 떨어진다고 믿었다. 그들은 자신들이 속한 국가가 그 평면의 중심에 있으므로 곧 자신들이 지구의 중심이라고 자부하였다. 사각의 틀 안에서의 중심은 그곳뿐일 터였다. 코페르니쿠스라는 얼간이가 나타나 지구가 둥글다고 외치고 다니기 전까지는.

기가 찰 노릇이었다. 게다가 태양을 중심으로 돌고 있다고까지 하니 정말 돈 사람이 아닌가. 정말 지구가 둥글다면 아무 곳이나 깃대만 꽂으면 중심이 되는데 어찌 그럴 수가 있겠는가. 그들에게는 지구가 둥글다는 사실보다, 자신들이 지구의 중심이 아닐 수도 있다는 사실을 받아들이기가 더 어려웠을 것이다.

이제 지구가 둥글다는 사실은 어린아이도 알고 있다. 그런데 그분 앞에만 앉아 있으면 아직도 세상은 사각의 틀에 갇힌 것만 같다. 사각은 평면이므로 그분이 오른손을 올리면 오른쪽으로 기울고, 왼손을 올리면 왼쪽으로 기운다. 위쪽에 조명을 밝히면 아래쪽이 사라지고, 아래쪽에 조명을 밝히면 위쪽이 사라진다.

이제 섣달 초하루가 밝았다. 텔레비전이 돌아가신 이참에 나는 별거를 좀 해 볼 생각이다. 그리고 그분의 영향을 받지 않고 나만의 생각을 내달려 감흥이 이는 곳에 깃대를 꽂으려고 한다. 그리고 한 번쯤은 "이곳이 내 세상의 중심이다"라고 외치고 싶다. 어차피 둥근 지구 위에서 살고 있는 우리가 아닌가.

지구가 둥근 것은 우주 공간 속에서 다른 별들과 공존하기 위한 중력의 작용 때문이다. 우리가 살아가는 세상도 서로 공평히 존재하기 위해서는 둥글어야 하는 것이 아닐까.

속엣소리

밝아지는 조명 아래 모습을 드러낸 것은 악기들이 아니다. 물통, 냄비, 프라이팬, 도마가 무대에 올라 있다. 생김새나 맵시로 보아도 악기와는 거리가 멀다. 우리네의 부엌 한쪽에서 부딪치고 그을리며 버려져 있던 주방용품들이다. 그들이 언제 한 번이라도 무대에 서 보았을까. 난생 처음 무대에 오른 노래자랑 참가자들처럼 그들도 조금은 어색한 표정들이다.

드디어 연주자가 절도 있게 물통을 내려친다. 긴장으로 바짝 당겨진 첫 소리가 울린다. 무대에서 튕겨 나와 객석으로 떨어지며 선명한 파문을 찍는 소리이다. 숨을 들이키는데 두 번째 소리가 울린다. 두 번째 소리는 첫 소리의 여운과 맞물리며 물결을 탄다.

물통에서 나는 소리는 여운이 길다. 그 넓은 보폭을 칼과 도마가 잰걸음으로 따라간다. 도마에서는 막걸리 맛을 닮은 탁음이 난다. 텁텁한 일상의 체취가 묻어 있다. 수없이 끓었다 식었다 반복했을 얇은 몸피의 냄비는 납작하지만 강단 있는 청음을 낸다. 그동안의 담금질이 만들어낸 소리일 터이다. 거기에 간간이 프라이팬이 방점을 찍으며 서서히 장단이 무르익어 간다.

한 번 내기 시작한 소리는 소리를 부른다. 두들김이 격렬해지니 둑 터진 봇물처럼 장단이 쏟아진다. 소리의 파도가 점점 높아지더니 급기야 관객들을 덮친다. 소리에도 온도가 있는지 열기가 오르고, 뛰는 심장을 따라 어깨도 들썩여진다.

이십여 년 전, 어머님의 회갑을 맞아 벌였던 잔칫날이 떠올랐다. 머리가 희끗한 어르신들은 우쭐우쭐 어깨춤을 추고, 젊은 사람들은 신나게 젓가락 장단을 치며 구성지게 노래를 불렀다. 여자들은 손뼉을 치고 아이들은 껑충껑충 뛰었다. 술이 몇 순배 돌자 판을 두드리는 장단이 더욱 빨라졌다. 어머님은 직접 빚은 동동주를 돌리면서도 손가락 장단을 멈추지 않았다.

이 가족 악단의 중심에는 외삼촌이 있었다. 흥겨운 장단뿐만 아니라 숟가락을 꽂은 됫병을 다리 사이에 끼고서 추는 어깨춤도 일품이었다. 혼자서도 장단과 가무의 일인다역을 거뜬히 하였으므로 '종합 예술단'이라는 별명을 가지고 있었다. 그날도 한 손에 냄비를 들고, 다른 손에는 숟가락을 든 포스가 단연 남달랐다.

저녁 무렵, 외삼촌이 음식 준비에 분주한 부엌으로 슬며시 들어섰다. 이리저리 휘둘러보는 모습이 무언가를 찾는 눈치였다. 마침 선반에서 작은 양은 냄비를 발견한 외삼촌은 바닥에 냄비를 엎어 놓고 지그시 발로 밟는 것이었다. 그러고는 멀뚱히 쳐다보는 내게 한 말씀하셨다.

"냄비가 좀 찌그러져야 소리가 제대로 나는 법이여."

첩첩 산골에서 농사를 짓다 큰누나인 어머님만 믿고 부산이라는 대도시로 이사를 나온 외삼촌이었다. 큰아들만 가르치면 된다는 집안 분위기 때문에 학교도 제대로 다니지 못했다고 했다. 그래서 더욱 사남매 자식들만큼은 도시에 나가 가르치겠다는 결심이 남달랐을 것이다. 큰누나가 사는 동네에 방을 얻어 놓고 막노동도 마다않다가, 알음알음 어느 초등학교 소사로 취직이 되었다. 겨우 한글을 깨친 처지였기에 학교의 잡무마저 만만찮은 일이었을 것이다. 그 살아가는 고달픔이 오죽했을까.

사십 중반의 나이였는데도 얼굴에는 주름살이 가득하고 어깨는 굽어 있었다. 본래 왜소한 체격인데다 이런저런 세파에 눌려서인지 더욱 작아 보였다. 그런 외삼촌이 찌그러진 냄비를 들고 서 있으니 그 자신마저도 찌그러진 냄비 같아 보였다.

그러나 외삼촌이 냄비를 두드리기 시작하면 사정은 달라졌다. 짝짝 손에 붙은 듯이 장단이 맞아 떨어졌다. 거침없이 달리는 말발굽소리가 들판을 울리듯 찌그러진 냄비에서 나는 흥겨운 소리가 온 집안을 울렸다. 심장이 뜨거워지고 가슴이 벅차올랐다.

말로는 다할 수 없었던 감정들이 어깨춤이나 손장단을 통해 쏟아져 나왔다. 혈육이었기에 더욱 갈라지고 틀어졌던 마음들이 뜨거운 용광로 속으로 녹아들었다. 서로 눈을 흘기던 시누이와 올케가 손을 맞잡고 춤을 추고, 오랜 오해로 등을 돌렸던 이모부과 시숙은 주거니 받거니 신나게 젓가락 장단을 맞추었다.

흥이 오르자 외삼촌과 우리는 한 몸이라도 된 것처럼 두드리고 춤추며 노래했다. 서로간의 경계가 녹고 그저 한 덩어리가 되어 실컷 웃다가, 종내에는 알 수 없는 감정에 젖어 눈물을 흘리기도 했다. 찌그러진 냄비에서 나는 소리의 위력은 실로 대단해서 그날의 공연은 가족사에 공전의 기록으로 남았다.

몇 년 후 그분이 돌아가시고, 영전에 진정 어린 절을 올릴 수 있었던 것도 찌그러진 냄비에서 나던 그 흥겨운 소리 때문이 아니었을까. 이름과 얼굴, 재산과 지위 어느 것과도 상관이 없는 소리였지만, 나는 왠지 그 소리가 외삼촌의 속에서 우러난 진정한 속엣소리가 아니었나 하는 생각이 들었다.

살아오면서 가끔씩 내가 삶을 겉돌고 있는 것 같을 때가 있었다. 장갑을 벗지 않고 사물을 만지는 것처럼 자꾸만 둔감해지는 느낌이었다. 그런 느낌은 일상에도 배어서 곧잘 공허함으로 이어지기도 했다.

그럴 때마다 나는 나의 속엣소리를 끌어내기 위해서 애를 썼다. 합창도 하고 장구도 배우며 나름 노력을 해 보았다. 그러나 속엣소리는 그렇게 한다고 해서 쉽게 나오는 소리가 아니었다. 속에 있는 것이 나오려면 겉이 먼저 찌그러지거나 깨져야 하는데, 그게 그리 쉽겠는가.

잘려서 속이 파이고 몸에 여러 개의 구멍까지 뚫린 후에야 대나무는 신비스러운 속엣소리를 낸다. 한겨울 몸속으로 스민 실낱같은 물줄기가 얼면 바위는 쪼개어지면서 쩡쩡 하늘을 울리는 속엣소리를 낸다고 한다.

세월의 무게도 만만찮은 것인지, 내 나이 오십 중반을 넘기니 키도 줄어들고 다리도 구부정해진다. 팽팽하기만 했던 젊은 날의 호기도 바람 빠진 풍선마냥 쭈그러들었다. 제법 찌그러진 냄비를 닮아가는 모양새다. 그래도 누군가가 나를 두드리면 아직도 나는 가끔씩 된소리를 낸다. 얼마나 더 찌그러져야 다른 이의 가슴에 가 닿는 무량한 속엣소리를 낼 수 있을까.

　난타 공연을 보며, 삶이라는 난타의 장에서 자신을 닮은 찌그러진 냄비를 흥겹게 두드리던 그분이 문득 그립다.

뒷골목

도시의 뒷골목은 남루하다. 밤이라면 그것은 체념의 시간이 흐르는 너절한 도랑이 되고 비까지 온다면 허무가 떠다니는 오염된 하수구가 된다. 늦가을 찬바람마저 불어대는 오늘, 화장 짙은 여자의 얼굴에 흐르는 눈물처럼 비는 번들거리는 얼룩을 남기며 어두운 골목을 내달리고 있다.

어쩌다가 길을 잘못 든 것일까. 비안개에 희뿌연 빛을 분사하는 백열등이 전봇대에 붙어 있다. 빌딩 뒤편에 설치된 여러 구조물들의 그림자가 기괴하게 일렁거린다. 그 틈새에 깊이를 알 수 없는 어둠이 납작 엎드려 있다. 곰팡이들이라도 퍼져 있는지 큼큼한 냄새마저 난다.

고개를 들어보니 골목의 저 끝, 어둠이 갈라진 직사각형의 빛 속에서 우산을 쓴 사람들이 오가는 것이 보인다. 흡사 멀리서 보는 전광판 화면 같다. 발밑의 웅덩이를 피해 가며 걷는다. 이따금 부딪치는 행인의 어깨에서 피곤의 단내와 버무려진 짙은 술 냄새가 빗방울에 섞여 후드득 떨어진다. 당혹스러운 마음에 절로 몸이 움츠러든다. 맞부는 바람 때문인지 골목은 길기만 하다.

유독 길치인 나는 가끔씩 이런 실수를 해서 곤욕을 치르곤 한다. 약속 시간이 다 되어 간다는 생각에 마음이 급해진다. 우산을 돛대 삼아 걸쭉한 어둠을 밀어내며 빛을 향해 나아간다. 귀마개를 떼어 냈을 때처럼 갑작스레 커진 소음과 함께 나는 빛 속으로 들어선다.

친구와 만나기로 한 커피숍은 내가 돌아 나온 뒷골목의 앞쪽에 위치해 있다. 유명 브랜드 로고의 간판이 빛난다. 나무로 정갈하게 꾸민 테라스를 자주색 차양이 깊숙하게 덮고 있다. 덕분에 가게 전면을 차지한 통유리에는 빗물 한 방울 튀지 않는다. 은은한 커피 향과 빵 굽는 고소한 냄새가 빗줄기 사이로 연기처럼 퍼져 간다. 날개를 단 전등이 아기 천사처럼 날고 있는 실내는 밝고 안온해 보인다. 조금은 성급하게 장식된 꼬마전구들이 벌써부터 연말 분위기에 흥겹다.

이곳만이 아니다. 대로를 따라 즐비한 가게들은 하나같이 화려하고 아름답게 장식되어 있다. 오로지 오늘의 행복만이 현란한 불빛을 타고 넘쳐난다. 내가 길을 돌아 나오지 않았더라면 결코 상상조차 할 수 없었을 것이다. 이 휘황한 거리의 뒷면이 바로 그 어두운 뒷골목이라는 것을.

며칠 전에 서점에 들른 적이 있었다. 베스트셀러 코너에는 성공 비결을 담은 책들이 즐비했다. 그 책들은 특별히 설치된 조명 아래에서 금은방의 보석들처럼 반짝거렸다. 그런데 출구 근처 계단 아래에 반액 세일하는 책들이 나무 상자에 담겨 있는 것이 보였다. 그곳에는 얼마 전에 자살로 세간을 떠들썩하게 한 행복 전도사의 저서가 놓여 있었다. 그녀의 환하게 웃는 얼굴이 표지에 커다랗게 실려 있었다. 독특한 어투와 열성적인 입담으로 행복을 전파하던 그녀의 책은 얼마 전까지만 해도 베스트셀러 코너에 진열되어 있었을 것이다.

흔히들 빛이 밝으면 어둠이 짙다고 한다. 산이 높으면 골짜기가 깊다고도 한다. 자연의 이치를 이르는 말이다. 모두가 성공과 행복을 향해 달려가지만 모두가 그것을 성취하기는 현실적으로 불가능한 일이다. 또한 성공한 사람이라 할지라도 내면에는 짙은 그림자가 드리워져 있기도 하다.

빛을 향해 질주하기 위해 드러낼 수 없었던 감정들이 어두운 뒷골목에 팽개쳐져 있는 것은 아닐까. 혹시 그것들이 양지로 나올 기회를 잃고 곰팡이 포자처럼 끈질기게 살아남아 뒷골목을 배회하고 있는 것은 아닐까.

나 또한 무수한 뒷골목을 가지고 있다고 고백하지 않을 수 없다. 상대적 상실감과 이기심, 공포와 불안, 원초적인 쾌락에 대한 갈구, 뒷골목에 퍼져 있는 곰팡이의 종류는 헤아릴 수 없을 정도로 많기만 하다. 그 어두운 골목에 갇혀 헤어나지 못하던 시절도 있었다. 그러나 이 또한 부정할 수 없는 나 자신의 모습인 것이다.

가끔씩은 자신의 뒷골목을 청소해야 할 필요가 있다. 너무 어둡지 않게, 너무 음습하지 않게 말이다. 스스로를 돌아보면서 방범등도 달고, 순찰을 도는 시간을 가져 보는 것도 도움이 되지 싶다. 그리고 감정의 찌꺼기들을 솔직하게 인정하고 받아들여야 한다. 가벼운 일탈이라도 감행해 포자가 터져 곰팡이가 창궐하지 않도록 해소해 주는 것도 한 방법이리라.

나를 기다리고 있는 친구의 모습이 유리창에 비친다. 오늘은 친구에게 나의 뒷골목에 대한 이야기가 하고 싶어진다. 친구는 이런 나를 받아 주고 이해해 줄까. 나를 발견한 친구가 가볍게 손을 흔든다. 그녀의 웃는 얼굴이 오늘따라 유난히 행복해 보인다.

뒷골목에 들어서면, 마치 깨어나야만 하는 어두움 꿈을 꾸는 것 같다. 하지만 매번 눈을 뜨기가 쉽지가 않다.

구두

어느 책 도둑의 진술서

어쩌다 마주친 그대

구두

예쁘다 너는. 섹시하다 너는. 한동안 나는 이 거리를 지날 때마다 너를 눈여겨 보아 왔다. 그러나 이토록 화사한 너를 만나러 오는 일은 그리 쉽지 않았다. 나의 마음속에는 오랫동안 혹독한 겨울이 머물러 있었다. 봄이 오고 꽃이 피어나도 그 냉기는 좀처럼 가시지 않았다. 마침내 꽃잎이 떨어지기 시작한 오늘, 나는 깊은 호흡으로 애써 그 냉기를 몰아낸다. 그리고 유리문을 열고 너에게로 다가선다.
　너는 옛날의 나를 기억케 한다. 너의 몸은 아침에 갓 깨어난 섬세한 꽃잎 같은 피부에 싸여 있다. 송아지 가죽이다. 손끝으로 느껴지는 촉감은 진저리가 쳐질만큼 부드럽다. 입안에 침이 고여 혀를 깨물 뻔한다. 너에게서는 비릿하면서도 초콜릿 향 같은 소녀의 살내음이 난다. 그러나 겨울을 견디고 피어난 창밖의 벚꽃처럼 매혹적인 핑크빛의 몸을 가지고 있는 너는 이미 소녀가 아니다.
　탄력이 넘치고 은은한 광택이 도는 살결에는 정열의 붉은 빛도 스미어 있다. 브이자형의 턱 선이 날카롭다. 유선형의 몸매가 날씬하다. 뒤축에는 세상에 대한 호기심으로 열려 있는 눈동자를 닮은 두 개의 장신구가 달려 있다. 창을 통해 들어오는 햇살에 거울 같이 반짝인다. 게다가 애증의 이중주도 능히 타고 갈 만한 예민하고도 강인한 황금빛의 10㎝ 굽이 있다. 찬연히 빛나는 킬 힐이다.

오직 너만을 위한 높고 투명한 진열대 위에서 너는 수많은 구애에 지친 듯 무심한 눈길로 나를 바라다본다. 한 번도 거절당한 적이 없는 도도함이 관능적인 선을 타고 온몸에서 흐른다. 나는 네게 사랑받을 수 있을지 조바심이 난다. 나는 늙었고 다리도 투박하며 게다가 사랑에 목말라 있다.

점원은 네 앞에서 망연히 서 있는 나를 대신하여 너에게 수작을 건넨다. 이리저리 방향을 바꾸어 가며 너의 맵시를 보여준다. 침이 마르게 너의 아름다움을 찬양하고 나와 짝을 짓기 위해 애를 쓴다. 그러나 그게 다 무슨 소용이랴. 나는 너에게서 눈을 떼지 못한다. 나는 이미 너에게 빠져 있다.

너를 얻기 위해 한 몸처럼 익숙해진 그녀를 버리기로 한다. 거미줄처럼 끈적한 인연의 고리를 모질게 벗어 버린다. 이미 체념으로 눈을 감은 그녀는 밀착된 나의 발을 스스로 벗어나 저만치 나뒹군다. 엎어져 있는 그녀의 깊은 흐느낌을, 혼곤한 피곤으로 죽은 듯이 늘어져 있는 육체를 내려다본다.

그녀의 상처는 깊다. 긁히고 찢기고 때에 찌들고, 내 사랑의 몸부림에 뒤틀어져 있다. 한때 자존심으로 높이 치켜들었던 굽에 난 상흔은 벗겨진 피부 속에 하얀 뼈조차 드러나 있다. 내가 언제 저리도 많은 상처를 입혔던가.

나는 그녀에게서 눈을 돌린다. 이제 다시는 그녀를 뒤돌아보지 않을 것이다. 그녀와 내가 어떤 사랑의 행로를 따라 부딪치고 넘어지고 거절당했는가를 기억하지 않을 것이다. 비록 오늘과 같은 날이 다시 돌아온다 할지라도.

진열대에서 내려온 너는 이제 다소곳하다. 하지만 나는 잠시 망설인다. 후회의 눈물로 얼룩진 발등과 자책의 시간들로 굳어진 발뒤꿈치를 너에게 보이고 싶지 않다. 그러나 나는 너를 떠날 수 없다. 부끄러운 발가락들을 꼼지락거리며 나는 너에게 발을 밀어 넣는다.

나는 나의 발에 꼭 들어맞는 너를 감탄해 마지않는다. 왕자가 찾아 헤매던 신데렐라의 구두도 이리 잘 맞았을까 싶다. 그러나 너는 신데렐라의 구두가 아니다. 더 이상 나도 남겨진 구두 한 짝을 들고 처량하게 왕자를 기다리는 신데렐라가 아니다.

나는 나의 두 발로 굳건히 땅을 디디며 홀로 선다. 10cm의 황금빛 자존심 위에서 균형을 잡기 위해 잠시 비틀거린다. 그러나 너와 함께라면 이 정도 쯤은 아무 문제가 아니다. 한층 자신감이 생긴다.

사랑의 멍에로 내려앉았던 어깨가 펴진다. 스멀스멀 종아리로 올라온 저릿한 통증이 한순간에 전율이 되어 등허리를 타고 오른다. 허리를 곧추세우고 머리를 바로 든다. 비로소 창밖의 세상이 또렷이 보인다. 오랫동안 주눅이 들어 있던 심장이 다시 쿵쾅거린다.

'그래, 너희들은 다 죽었어.'

나에게 사랑이라는 명목으로 채찍을 휘둘렀던 자들을 생각하며 속으로 쾌재를 부른다. 킬 힐의 위력이다. 꼿꼿해진 척추에 힘을 주며 또각또각 몇 걸음을 걸어 계산대로 간다. 누군가가 알면 눈이 휘둥그레질 금액이지만 그대는 모른다. 천금을 주어도 아깝지 않은 이 기분을.

 창밖에는 너의 몸 색깔을 닮은 벚꽃잎이 바람에 휘날린다. 봄이 가고 있다. 이제 너와 나는 사랑이 저 벚꽃잎처럼 난분분하는 도시의 거리로 나설 준비가 되었다. 다시 새로운 출발선 앞에 선다. 괜히 눈물이 날 것만 같다.

사랑은 쉽지 않다. 새 구두를 신어보아도 사랑은 언제나 제자리이다.

어느 책 도둑의 진술서

배심원 여러분, 제가 책을 훔친 것은 사실입니다. 계획적인 것이 아니었냐고요? 전혀 그렇지 않습니다. 정말 우발적이었습니다. 우발적이었다는 정황 증거들이 무수히 많습니다.

우선 그날은 가을의 끝자락이었고, 가는 비가 오고 있었고, 따라서 잿빛 하늘을 배경으로 단풍이 짙어진 나뭇잎들을 바라보는 제 마음은 이미 현실 세계를 벗어나 있었다고도 할 수 있습니다. 게다가 저는 짧은 여행을 앞두고 감미로운 음악이 흐르는 카페에 홀로 앉아 있었으니, 일종의 심신미약 상태에 놓여 있었던 셈이지요. 이것으로도 부족하다면 제 나이가 딱 그날 같은 오십 대 중반이라는 것도 참작해 주십시오.

그 카페는 많은 사람들의 이별과 만남으로 분주한 버스 터미널 앞에 있었습니다. 출발 시간이 어중간하게 남은 손님들이 커피 한 잔을 마시며 시간을 보내기 좋도록 한쪽에 서가를 마련해 놓았더군요. 손가락으로 꽂혀 있는 책 제목들을 훑으며 살펴보았습니다. 주로 『10억 만들기』, 『부자 아빠와 가난한 아빠』 같은 경제서적(?)들과 『혼자 가는 뉴질랜드 여행』이라든지 『소호 여행기』 같은 여행서

어느 책 도둑의 진술서

적들이었습니다. 아마도 짧은 시간에 부담 없이 볼 수 있는 책들을 비치해 놓은 것 같았습니다. 그런데 저는 그런 책들 사이에서 전혀 어울리지 않는 책 한 권을 발견했습니다.

우선 바다처럼 푸른 표지의 색깔이 저를 사로잡았습니다. 아시지요? 바라보고 있으면 가없이 넓어지고 끝없이 깊어지는 색, 파랑 말입니다. 두 손으로 떠 보면 눈물처럼 아무 색이 없지만, 흐르고 고여서 푸른 멍이 되어 버리는 그 색, 파랑 말입니다. 그리고 표지의 헤진 가장자리도 저의 마음을 끌었습니다. 떠들어대고 싶은 말들로 잔뜩 날이 서 있는 새 책이 아닌, 낡은 그 책을 손에 드는 순간, 저는 왠지 조금 슬퍼졌습니다.

평소의 습관대로 출판사나 저자의 약력 등은 읽지 않고 바로 첫 장을 펼쳤습니다. 그 책은 "…집을 버리고 떠난 후 해가 바뀌었다"[*]로 시작되고 있었습니다. 말줄임표로 시작하는 장편소설이었습니다. 그 말줄임표는 앞으로 많은 말들을 하겠지만 그것이 모든 것을 말하는 것은 아니라는 무언의 선언 같았습니다. 강한 호기심이 일었습니다. 그리고 집을 버렸다고 하지 않습니까? 저도 잠시나마 집을 떠날 참이니 이것도 운명이라면 운명 아닐까요? 저는 막연히 슬픈 운명에 휩싸이는 한 여자를 상상했습니다.

제 상상이 맞았습니다. 그 책 속에는 슬픈 운명을 맞이하는 한 여자가 살고 있었습니다. 여자의 슬픈 운명은 어디에서 비롯되는 것일까요. 혹시 사랑은 아닐까요. 그것 역시 맞았습니다. 어떻게 다 읽지도 않았는데 알 수 있었냐고요? 이 나이가 되면 그만한 눈치는 생기기 마련입니다. 저도 여자인데다 소설이 아닙니까.

책의 앞부분은 여자가 남편의 배신으로 인해 저 창밖의 비처럼 차갑고 눅눅한 실을 자아내며 스스로를 어둡고 좁은 고치 안으로 밀어 넣는 과정을 그리고 있었습니다. 사건의 발단은 아주 사실적으로 묘사하고, 그 이후 여자의 심리적 변화는 몽환적으로 표현하는 작가의 솜씨에 홀딱 빠져 버렸습니다. 그리고 직감적으로 느꼈지요. 여자가 고치 속으로 들어가는 이유는 다시 빠져 나오기 위함이고, 그 전과 그 후의 여자는 많이 달라져 있을 거라는 것을요. 그리고 그 고치에 칼집을 내어 여자가 나올 수 있게 할 사람은 결코 남편이 될 수 없다는 사실까지. 어떻게 그리 잘 알았냐고요? 그것도 연륜이라고 해 두죠.

아니나 다를까, 여자가 우체국 앞에서 낯선 남자와 마주치더군요. 제 가슴이 뛰기 시작했습니다. 그런데 카페 벽에 달랑하니 붙어 있는 둥근 시계가 차 출발 시간을 확인하라며 눈을 동그랗게 뜨는 것이 아닙니까. 겨우 십 분 정도 남았으니 당장 자리에서 일어서야 했습니다. 버스가 대기하고 있는 홈까지 걸어가는 시간도 필요했으니까요. 제 가슴이 더욱 거칠게 뛰기 시작했습니다.

이쯤에서 이것 하나만은 분명히 말씀드리고 싶습니다. 저는 고치에서 나오는 여자의 모습을 목도해야만 했습니다. 그녀가 낯선 사랑에 베여 벌어진 상처의 틈 사이로 눈부신 날개를 밀어내는 장면을 꼭 보고 싶었습니다. 누가 뭐라고 해도 모든 탈피한 존재들에게는 날개가 주어진다는 것이 제 생각입니다. 그 날개를 보기 위해서는 이 여자를 데리고 가야만 했습니다.

마침 카페 직원이 화장실을 가는지 뒷문으로 나갔습니다. 자동

문 앞에서 잠시 머뭇거릴 때는 심장이 터지는 줄 알았습니다. 하지만 저는 기어코 그 푸른 책과 함께 카페 문을 나섰습니다.

밖으로 나오니 찬바람이 불고 제법 날씨가 쌀쌀했습니다. 빗줄기도 날리고 어두워지기 시작하더군요. 사실은 금방 후회를 했다는 것을 말씀드리지 않을 수 없군요. 제가 양심적이어서가 아니고, 찬바람과 함께 이 이야기의 결말이 가슴을 파고들었기 때문입니다.

여자의 날개는 고치를 비집고 나오자마자 빗줄기에 젖고, 거세게 부는 세상의 바람에 갈가리 찢길 것입니다. 다시 날지 못하게 된 날개는 어두운 거리에서 뭇사람들의 발길에 짓밟혀 문드러지겠지요. 잠시 눈부신 날개를 바라본 대가로 그 모든 과정을 지켜보아야 하는 어리석은 선택을 한 것입니다. 그렇다고 해서 다시 돌아갈 수는 없었습니다.

그날 밤 푸른 책 속에 빠져 그녀를 끝까지 따라가 본 결과, 제 느낌이 빗나가지 않았다는 것을 확인했습니다. 그녀는 처참하게 파괴되었습니다. 저는 제가 원한대로 그 잔인한 과정을 낱낱이 목도했습니다.

굳어진 가슴을 뻐개고 뜨거운 것이 흘러내렸습니다. 무지 아팠습니다. 그리고 새삼 깨달았습니다. 인간의 모든 사랑은 끝없는 파괴를 동반한다는 것을. 어쩌면 사랑의 본질은 파괴가 아닐까 하는 생각조차 들었습니다. 고치를 찢고 태동된 사랑은 가슴을 찢으며 사라져 갔습니다. 저는 진심으로 후회했습니다. 너무나도 아픈 이 여자의 사랑을 잠시나마 훔친 제 자신을.

며칠 뒤에 저는 아주 쌈박한 새 책을 그 카페에 몰래 갖다 놓았습니다. 물론 그렇게 했다고 해서 제가 책을 훔쳤다는 사실이 없어지지는 않는다는 것을 잘 알고 있습니다. 그러나 배심원 여러분, 여러분도 가슴이 잊어버린 것들을 문득 만날 때가 있지 않나요? 그럴 때는 어떻게 해야 하나요? 그저 손을 흔들며 안녕을 고하나요? 더욱이 비 오는 늦가을 오후, 터미널 앞 카페에서 가슴이 시리도록 푸른 색 표지의 책을 만났을 때 말이죠.

두 번 다시 이런 일은 없을 거예요. "너무 아픈 사랑은 사랑이 아님"*을 이제 충분히 알았으니까요. 그저 한 번만 너그러이 선처해 주시면 안 될까요?

* 전경린의 '내 생에 꼭 하루뿐일 특별한 날'의 첫 문장.
* 영원한 가객 김광석의 노래 가사 중 일부.

어쩌다 마주친 그대

꽃향기가 자욱합니다. 오월의 인동초 꽃잎은 지나가는 길손을 혼절이라도 시키려는지 속 깊이 애끓는 내음을 뿜습니다. 무슨 곡진한 사연이라도 있을까 싶어 잠시 발걸음이 멎습니다.

저만치 주인을 앞서 타박타박 걷던 우리 집 개 순순이도 걸음을 멈추고 돌아봅니다. 그새 좀 전에 불었던 달디 단 춘풍을 잊었을까요. 하긴 속을 달래려고 한 시간이 넘도록 들판을 배회했으니 저도 마음이 좀 가라앉긴 했나 봅니다. 어쩌겠습니까. 이루어질 수 없는 사랑인걸요.

순순이는 똥개라고 불리는 잡견입니다. 암놈이구요. 하지만 흔히들 알고 있는 그런 똥개가 아닙니다. 예민하다고 할까, 자존심이 유난하다고 할까, 아무튼 지조가 대단해서 사람이건 개건 스스로 선택한 경우 외에는 따르기는커녕 가까이 다가가지도 않습니다. 일견 명견의 자질을 가진 것처럼 보이지만 실상은 그렇지도 않습니다. 그저 고독한 생을 선택한 것에 불과하지요.

털과 살을 부비며 십 년 넘게 동거하다 보니 서로를 알만큼은 압니다. 그녀가 하늘거리는 커튼 한 자락을 깔고 창밖을 내다보고 앉았을 때의 기분과 자기 이불을 끌고 어둡고 비좁은 책상 밑으로 들어가 불러도 나오지 않을 때의 기분의 차이를 안다면 지나친 것일까요. 텔레비전이나 책을 보고 있을 때에는 은근슬쩍 다가와 궁둥이를 붙이고 앉아 다른 곳을 무심히 바라보기도 합니다. 다른 곳을 바라보고 있어도 서로 다투지 않는 우리는 사이가 좋은 셈입니다.

오늘 아침처럼 몸이 피곤한 날에도 산책을 거를 수는 없습니다. 생리현상을 해결해야 하기도 하거니와 하루하루 계절이 써 내는 악보를 온몸으로 연주하는 들판을 가로지르는 것이 고독한 순순이에게는 유일한 낙일 테니까요. 더구나 요즘 며칠 밥도 제대로 먹지 않고 우울해 하는 기색이 완연했거든요.

오월 들어 한층 맑아진 하늘입니다. 날씨가 참 좋군요. 가끔씩 종종걸음으로 걷는 애완견을 데리고 산책을 나온 이웃들을 만납니다. 앙증맞고 사랑스럽습니다. 하지만 순순이는 그들에게는 통 관심이 없습니다. 주인들이 인사를 나누는 동안 멀찍이 떨어져서 기다립니다. 애완견들도 주인의 주위를 맴돌 뿐 순순이에게 가까이 다가가지 않습니다. 순순이의 체취와 그들의 향기는 서로에게 매력적이지 않나 봅니다.

살짝 피곤한 관계로 평소보다 조금 일찍 들어가려는데 순순이가 아파트 문 앞에서 버티는군요. 아직은 들어갈 생각이 없나 봅니다. 아파트 건물이나 한 바퀴 더 돌까 하는 생각으로 뒤편으로 돌아갑니다. 아하, 순순이가 버틴 이유를 알겠습니다. 풍백이가 있군요. 풍백이는 오 층에 사는 예쁜 아가씨가 키우는 진돗개입니다. 이름

만큼이나 풍채가 좋은 수놈입니다. 온몸을 덮은 흰 털이 정말 멋집니다.

순순이와 풍백이가 서로에게 관심을 보이네요. 순순이가 세차게 꼬리를 흔듭니다. 저러다가 끊어지기라도 할 것 같습니다. 풍백이도 다가와 순순이의 체취를 맡습니다.

사실 둘의 만남은 오늘이 처음은 아닙니다. 며칠 전 달 밝은 밤에 둘은 만났습니다. 아가씨는 아파트에서 덩치 큰 개를 키울 수밖에 없는 몰염치가 이웃에게 부끄럽다며 주로 밤에 산책을 나옵니다. 나는 그날따라 휘영청한 보름밤을 그냥 보낼 수가 없어서 순순이와 함께 나섰던 것입니다. '구름에 달 가듯이' 달이 가고 있었습니다. 그러니 순순이와 풍백이도 감상이 남달랐을 것입니다. 비록 큰 개와 작은 개 사이의 불상사를 경계해 주인들이 고삐를 바투 쥐고 있었지만 수인사는 한 셈이지요.

어느새 꽃은 지고 잎이 무성해진 목련나무 아래에서 둘의 사랑이 시작됩니다. 몸을 부비고 코끝을 털 깊숙이 넣어 서로를 확인합니다. 꼬리 연처럼 꼬리를 물고 뱅뱅 돌기도 합니다. 풍백이가 침이 뚝뚝 듣는 큰 주둥이로 순순이를 쿡쿡 찌릅니다. 귀에, 목덜미에 등에 온통 침이 묻어 얼룩덜룩합니다. 그래도 순순이는 좋다고 연신 몸을 들이댑니다.

아가씨가 "순순이가 눈이 참 예쁘네요." 합니다. 바라보니 순순이의 눈에서 간절한 물기가 괴어오릅니다. 갑자기 내 가슴에 잔잔한 파도가 밀려와 훑고 가는 것 같습니다. 괜히 가슴 한쪽이 저리네요.

한참 순순이를 어르던 풍백이가 시들해집니다. 가까이 하기엔 너무 먼 그대인지도 모르겠습니다. 그 틈에 아가씨가 풍백이를 잡아끌며 "사진이라도 한 장 찍을까요?" 합니다. 나는 "잘 찍어서 내게도 보내줘." 하고 대답합니다. 몇 장의 폰 사진을 찍고 "순순아, 안녕!" 하며 아가씨가 돌아섭니다. 나는 그 뒤에다 대고 "사진 제목은 '어쩌다 마주친 그대'라고 하자!" 하고 큰 소리로 말합니다. 결국 남는 것은 사진뿐입니다.

떠나가는 놈의 뒷모습은 어찌 그리 멋진지요. 따라가려고 안간힘을 쓰는 순순이의 발톱이 땅을 파고 박힙니다. 순순이의 가슴에서 철썩철썩 파도치는 소리가 들립니다. 코끝이 싸하니 아려옵니다. 어디선가 또다시 밤꽃이 피고 있나 봅니다.

"안녕하세요? 순순이입니다."

순순이는 우리와 13년을 살고 지난해 하늘나라로 갔습니다.

벼랑을 품은 바다
인어공주

벼랑을 품은 바다

가슴에 벼랑을 품은 이는 동해바다로 갈 일이다. 사람과 사람 사이가 툭 끊어지고, 그 아스라한 끝점에 한 발을 디딘 사람, 하루와 하루의 틈 사이로 까마득한 바닥이 보이는 사람은 말이다. 가서 그 푸르고 푸른 물결 앞에 주저앉을 일이다. 한사코 몰려오는 파도가 당신을 적시도록 그저 자신을 내어 줘 볼 일이다.

동해바다의 파도는 뿌리가 깊다. 심해에서 자라난 해초처럼 너울거리다 무릎을 세우며 달려 나와 포말을 터트린다. 터트리는 순간 물거품으로 흩어지는 하얀 불꽃이다. 되돌이표로 가득한 악보라도 뿌리에 새겨져 있는 것일까. 소멸로 이어지는 끝없는 불꽃 너머로 눈이 시리도록 푸른 바다가 하늘에 닿아 있다.

동해바다가 푸른 것은 수심이 깊기 때문이다. 평균 수심이 1,700m에 이른다. 하얀 해안선을 기준으로 지도를 반으로 접는다면, 태백 준령이 족히 잠길 만하다. 거꾸로 박혀 있던 금강, 설악, 태백의 산봉우리들을 해산하고서도 힘이 남았는지 바다의 맥박은 여전히 푸르다. 그러나 저만치 유난히 짙푸른 곳은 깊이 품었던 것들을 잃은 뒤에 생긴 심연이 아닐까. 어쩌면 동해바다 또한 나처럼 가슴에 벼랑을 품고 있는 것은 아닐까.

벼랑을 가슴에 품은 까닭은 벼랑을 마주 보고 있어서이다. 돌아누운 남편의 등줄기가 태백 준령만큼이나 높았다. 손만 뻗으면 닿을 거리이건만, 그 준령에서 흘러내리는 서늘한 냉기에 매번 손을 움츠리곤 했다. 그의 등 너머에서 나 또한 한껏 웅크린 채 등을 보이며 모로 돌아누웠다. 등과 등 사이에 깊이를 알 수 없는 벼랑이 가로 놓였다. 돌아누워서 나는 아득한 벼랑을 마주 보았다.

애초 재미로 시작한 적은 투자가 적잖은 수익을 몰고 온 것이 화근이었다. 평생 누구로부터 금전적인 도움을 받아본 적이 없는 남편이었다. 나이 스물이 되자마자 가난한 집안의 아들 역할 하느라 여윳돈이라고는 가져본 적이 없었다. 그저 한 달 성실히 일해서 한 달 생계를 꾸리는 생활이었다. 아내 자리를 차고앉은 나 역시 찢어지게 가난한 집안의 맏딸이었다.

빼곡한 밀림을 낫 하나로 길을 내며 나아가듯 빠듯한 생활이 계속되었다. 겉으로는 꿋꿋한 척 했지만 속으로는 지치기도 했을 것이다. 곤고하기만 한 하루하루가 투기를 부추긴 탓일까. 얼마 지나지 않아 유형무형의 모든 자산이 주식에 투자되었다.

나는 겉으로는 반대하는 시늉을 했지만 내심으로는 한 탕을 바라마지 않았다. 투자 금액이 커질수록 한 탕의 크기도 부풀어 갔다. 남편도 가끔씩 기대의 눈빛을 던지는 나의 속내를 모르지는 않았을 것이다. 그러나 그의 눈빛이 불안으로 흔들리기 시작하고, 잠을 이루지 못하는 날들이 늘어갔다. 남편이 투자한 종목의 그래프가 아래를 향해 내리 치닫기 시작한 것이 언제부터인지는 알지 못했지만, 가까스로 멈춰선 그가 내게 쥐여 준 것은 빈 통장뿐이었다.

폭풍에 바닥까지 뒤집어진 바다가 포효하듯 나는 울부짖었다. 모든 것이 바위에 부딪힌 파도의 포말처럼 물거품으로 돌아갔다. 식당을 운영하느라 손에 물마를 새가 없었던 십여 년의 세월이, 혼기가 찬 딸아이를 염두에 두었던 얼마간의 결혼 자금이, 노후에 비빌 언덕이라도 마련할 양이었던 최소한의 비상금이 흔적도 없이 사라졌다. 그 폐허의 자리에 크고 작은 빚 덩이들이 들어앉았다.

확실한 공범임에도 불구하고 나는 남편을 벼랑 끝까지 몰아댔다. 부자는 망해도 삼 년이 간다지만, 가난한 사람이 망하면 하루의 지는 해 너머로 바닥이 보인다. 막상 벼랑 끝에 서니 누구에게도 도움의 손길을 청할 곳이 없었다. 게다가 어리석었던 탐욕의 결과가 아닌가. 한없이 낮아져서 세상의 가장자리로 떠밀려 가는 기분이었다.

바닷가는 지상에서 가장 낮은 곳이다. 해발 0m. 저 높은 산봉우리에서 아래로만 흐르던 물줄기들도 더 이상 낮아질 수 없는 곳이다. 바닷가는 지상의 맨 끝 가장자리이다. 뭍에 발을 두어야만 살 수 있는 종족들은 더 이상 디딜 곳이 없다. 세상에서 가장 낮은 가장자리, 그곳에 동해바다가 누워 있다.

철 지난 모래사장 저편에 바다색을 닮은 빈 소주병 하나가 비스듬히 묻혀 있다. 나처럼 낮은 곳을 찾아 흘러든 누군가가 여기서 속을 비우고 간 흔적이다. 나도 소주병처럼 모래에 엉덩이를 묻고 앉는다.

모래사장에는 지난여름에 찍힌 수많은 발자국들이 하얗게 말라 있다. 파도가 밀려와 아직도 뜨거운 기억으로 뒤척이고 있는 모래사장을 쉼 없이 다독거린다. 한동안 달래다가 그만둘 법도 한데, 한사코 앞으로만 달려오는 파도이다. 포기를 모르는 바다는 결코 등을 보이는 법이 없다.

모래사장을 적시던 파도가 서서히 차올라 내 발등을 적신다. 초라한 맨발을 어루만지며 연신 속삭여댄다. 등을 보이지 않는다면 벼랑은 사라진다고. 빈 소주병 같던 내 가슴에 동해의 푸른 바다가 들어앉은 듯 갑자기 먹먹해진다.

유구한 세월을 태백 준령의 등을 바라본 동해바다일 터이다. 시간을 가늠할 수 없는 아득한 어느 때인가 산맥들이 그의 품을 박차고 뛰쳐나와 서쪽으로 달리다, 길게 등을 보이며 돌아누웠다. 산맥이 빠져나간 깊이만큼 가슴속에 벼랑이 들어섰을 게다. 한때는 시퍼런 숨을 토해내며 포효하기도 하였을 것이다. 그러나 지금 그 벼랑은 깊고 깊은 품이 되어 바다의 뭇 생명들을 품고 있다.

등을 바라보면서도 등을 보이지 않는 동해바다. 끝없이 푸른 손을 내밀어 괜찮다, 괜찮다 돌아누운 등줄기를 다독이며, 비록 당장은 아니더라도 언젠가는 마주볼 뜨거운 가슴을 믿어 의심치 않기에 희망의 노래를 멈추지 않는 동해바다이다.

가슴에 품은 가파르고 위태로운 벼랑의 골짜기로 바다의 묵언이 뜨겁게 흘러든다. 서로의 가슴을 베며 시퍼렇게 날이 섰던 상처의 비늘들이 햇살을 받아 반짝이는 바다의 잔물결처럼 잦아든다. 나는 두 다리에 힘을 주며 일어선다.

이제는 돌아누운 당신을 바라보며 든든한 뒷배가 되어보리라.

등줄기 솟구쳐 다시 일어설 당신을 말없이 기다려보리라. 돌아서는 등 뒤로 푸른 손 마주치며 응원하는 동해바다의 손뼉 소리가 파도 소리가 되어 뒤따른다.

인어공주

그날의 기억에는 물비린내가 난다. 버스 정류장까지 걸어가는 동안 내 어깨는 우산 안으로 들이치는 빗줄기에 흠뻑 젖어 버렸다. 젖은 어깨에서 체온에 증발된 수증기가 밍근한 물 냄새를 풍겼다.

빗물이 흐르는 도로에는 포말을 일으키며 차들이 달리고 있었다. 시야에 가득한 빗줄기를 가르며 그것들은 물고기처럼 재빠르게 미끄러져 갔다. 그중에는 간혹 붉은 꼬리 등을 흔들며 사라지는 것들도 있었다.

물살을 가르고 떠오른 고래마냥 숨비소리를 내며 정차한 버스에 오르고, 좌석을 향해 몇 발자국 걸어가는 장면이 토막토막 떠오른다. 빗물로 바닥이 미끄러웠던 탓일까, 좌석 손잡이를 잡으려는데 다리가 휘청거리더니 순식간에 미끄러지고 말았다. 머리끝으로 피가 쏠리며, 나는 마치 물 속 깊이 가라앉는 기분이었다.

그때 바깥쪽으로 꺾였던 오른쪽 무릎에 큰 탈이 났다. 병원으로 옮겨져 수술을 받고 이틀 밤을 뒤척이다가, 어젯밤에야 겨우 깊은 잠에 들었었다. 그런데 다리는 그 참혹했던 기억을 잊을 수가 없었던가 보다. 꿈속에서 나는 다시 한 번 미끄러지며 넘어졌다.

처음에는 미끈거리는 발뒤꿈치로부터 미세한 떨림이 밀려와 조용한 파도처럼 발목을 훑는 느낌이었다. 그러다가 쥐가 난 듯이 다리의 감각이 까무룩 잦아들더니, 돌연 무릎이 튕겨져 올랐다. 뭍에 올라온 물고기의 꼬리처럼 다리가 파닥거리는 느낌에 소스라치며 눈을 떴다.

병실에는 여명으로 푸르스름해진 어둠이 가득하다. 그 아래에 이불을 덮은 환자들이 해저의 물고기들 마냥 머리만 내놓은 채 고요히 잠들어 있다. 신새벽의 병실이 마치 커다란 수조 같다는 생각이 든다.

연이어 밀려오는 파도처럼 다리가 몇 번 더 약하게 파닥거린다. 왜 이 순간에 인어공주가 생각이 난 것일까. 어쩌면 붕대로 둘둘 감아놓은 다리의 모양새 때문인지도 모르겠다.

처음으로 바다 기슭에 올라온 인어공주가 자신의 다리를 바라보는 모습이 떠오른다. 하얀 모래사장과 푸른 바다의 경계선에 그녀는 누워 있다. 발목에서 파도가 찰싹대고, 그럴 때마다 희고 곧은 다리가 가늘게 파닥거린다. 아직도 스스로를 꼬리로 알고 있는 다리의 순간적인 반응이다.

어느 날, 인어공주는 밤바다의 수면 위로 흐르는 왕자의 노랫소리를 들었다. 그 노랫소리는 바다에 빠져 버린 해처럼 인어공주의 가슴에 뜨겁고도 붉은 잔상을 남겼다. 다음날 밤, 희미한 불빛으로 일렁이는 수면을 향해 인어공주는 솟구쳐 올랐다. 그리고 보았으리라. 물 밖의 세상에서 살고 있는 왕자의 얼굴을.

또 다른 세계를 알아버린다는 것은 어쩌면 불행한 일이리라. 순식간에 하나이던 세계가 둘로 쪼개지며, 그 사이에 보이지 않는 투명한 막과 같은 경계가 생겨나니 말이다. 그것은 더 이상 익숙한 세계에 머물러 있을 수만은 없다는 것을 의미한다. 게다가 사랑하는 이가 그 경계의 밖에 있음에랴. 마침내 그녀는 경계를 넘기로 한다. 등대의 무종처럼 귓전에서 떠나지 않는 왕자의 노랫소리가 기어코 그녀를 아찔한 그곳으로 이끈 것이다.

물 밖의 세상은 찬란한 빛에 싸여 있어 아직은 사물을 분간하기가 어렵다. 다시 눈을 질끈 감아 버리는 인어공주의 가슴이 두려움으로 가득 찬다. 파도는 바다 깊은 곳으로부터 끝없는 해조음을 내며 인어공주의 발목을 핥는다. 비스듬한 모래사장에 누워 있건만, 그녀는 마치 벼랑 끝에 서 있는 것처럼 현기증을 느낀다.

이제 인어공주는 일어서야 한다. 일어나 걸어야 한다. 사랑하는 왕자의 품이 저만치서 기다리고 있지 않은가. 그러나 두렵다. 미끄러운 꼬리의 감촉이 아직도 그녀를 붙잡고 있다. 발뒤꿈치가 미끈거리며 넘어지는 상상을 한다. 생각이 거기에 미치자 소스라치며 내 다리가 한 번 더 파닥거린다.

넘어지는 것이 고통스럽다는 것은 이미 잘 알고 있다. 지난 세월 수없이 넘어진 내 앞에는 언제나 경계의 선이 있었다. 경계는 그저 하릴없이 그어진 무심한 선이 아니었다. 그 선은 꿈과 현실 사이에서 원심력과 구심력이 맞물리며 언제나 파도처럼 출렁였다. 현실이 팍팍해질수록 강해지는 파도의 점력을 이기지 못하고 나는 곧잘 넘어졌다. 그리고 코앞에서 더욱 완강하게 굳어진 경계를 확인하곤 했는데, 그것은 넘어져 생긴 상처보다 오래도록 가슴에 남았다. 그리고 경계에 밀려 넘어질 때마다 나는 더욱더 깊은 수심 아래로 가라앉았다.

사실 나에게도 오래전부터 한 왕자의 노랫소리가 들려온 듯도 하다. 하지만 수심 깊이 가라앉아 있었기 때문에 그 소리는 언제나 희미하고 불투명했다. 그럼에도 불구하고 끝끝내 내 귓전에서 맴돌던 노랫소리. 그리고 현실이라는 수압을 이기지 못하고 좀체 수면 위로 떠오르지 못했던 나.

책읽기를 좋아하고 글을 사랑했지만, 그것은 심해 아래에 희미하게 들려오는 노랫소리에 다름 아니었다. 얼마 전 몇몇 수필 공모전에서 수상 소식을 접하기 전까지는. 어느 날 핸드폰이 무종처럼 울리고, 나는 전화기를 통해 들리는 왕자의 또렷한 노랫소리에 불현듯 물위로 솟구쳐 올랐다. 하지만 호사다마라 했던가. 수상의 단에 올라서기도 전에 무릎을 다친 것이다.

붕대에 감긴 다리를 쓸어 본다. 상처가 낫고 이 붕대를 풀게 되면 나는 인어공주처럼 새로운 다리를 얻게 될지도 모른다. 이쯤에서 인어공주의 뒷이야기는 잊기로 한다. 수없이 넘어져 물거품으로 되돌아갔던 지난날의 내 다리도 잊기로 한다.

사랑하는 이를 향해 곧게 걸어가는 튼실한 두 다리를 상상한다. 붕대 속에서 저절로 발끝으로 뻗치는 힘이 느껴진다. 여린 햇살 한 줄기가 푸르스름한 병실의 어둠을 헤치고 발끝에 와 닿는다. 이제 곧 일어설 시간이다.

무릎은 나왔다. 붕대를 풀었지만 인어공주처럼 희고 곧은 다리는 얻지 못했다. 다행히 왕자의 노랫소리는 여전히 들려오고 있다. 넘어지는 것을 상계하지 않고서는 일어설 수 없다는 것은 알고 있다. 다리에 힘을 올리려고 열심히 걷는 중이다.

마술

낚시

열정과 냉정 사이

공중전화기

하양이

마술

무료한 오후이다. 도대체 하고 싶은 일이 없다. 더운 물 속에서 대책 없이 풀어지는 비누처럼 자꾸만 무기력해진다. 낮잠이나 잘까 하다가 산책을 가기로 한다. 이런 날 누워 버리면 저녁까지 일어나기 어렵다는 것을 잘 알고 있기 때문이다. 게다가 그렇게 시간을 버리기에는 햇살이 너무 좋다.

나서기 전에 탁자에 쌓아 놓은 몇 권의 책 제목들을 살펴본다. 마치 똑같은 양념으로 버무린 반찬 같아 선뜻 손이 가는 것이 없다. 그래도 그 중 한 권을 뽑아 가방에 넣고 운동화를 꿰어 신는다.

금색 머리칼이 출렁대는 들판을 지나고, 아이들 떠드는 소리가 참새 지저귐 같이 푸른 하늘로 흩어지는 시골 초등학교 울타리를 지난다. 고추가 널려 있는 촌가의 마당은 새 각시의 치마처럼 붉게 물들어 있다. 한낮인데도 감나무가 홍등을 켜고 함께 얼굴을 붉힌다. 아마도 가을이 깊어가는 비밀을 공유한 까닭일 게다.

이 마을의 아래쪽에는 이런 농가들을 치마폭으로 감싸 안은 느티나무 한 그루가 서 있다. 마을의 수호목인 이 느티나무는 수령이 사백 년이 넘었다. 아름드리 검은 둥치 아래로 툭툭 불거진 뿌리들이 세월의 풍상을 대변해 주고 있다. 오래된 나무는 언제 봐도 가부좌를 틀고 앉은 수행자를 닮았다는 생각이 든다. 그 그늘에 앉아 책을 펼쳐 든다.

얼마나 시간이 지났을까, 푸드덕하고 잔풀더미에서 산비둘기 한 쌍이 날아간다. 고개를 들어 보니 웬 사내아이가 내 눈앞에 서 있다. 네댓 살로 보이는 그 아이는 손에 작은 삽을 들고 있다. 어느 별에선가 갑자기 나타난 어린왕자 같기도 하다. 아이는 내 앞에서 왔다 갔다 하며 나의 시선을 끌려고 애를 쓴다. 나는 조용히 책을 읽는 것은 글렀다 싶어 책을 덮고 아이를 쳐다본다.

아이는 그제야 흡족한 표정을 지으며 옆에 와 앉는다. 작은 삽에는 모래흙이 담겨 있다. "아줌마, 나 흙에 그림 그려볼게요." 작은 손바닥을 흙 위에 찍는다. "손이에요." 두 손으로 흙을 모은다. "산." 더욱 뾰족하게 모은다. "학." 손으로 흙을 흩뿌린다. "하늘에서 눈이 옵니다." 아이는 다시 삽에 흙을 조금 담아 온다. 담겨 있는 흙의 꼭대기를 가리키며 묻는다. "아줌마, 이게 뭘까요?" 나는 좀 전의 학습효과를 기대하며, "산" 하고 대답한다. "아니에요, 옥상, 우리 집이 이만하거든요." 학습은 전혀 효과가 없다.

아이는 어느새 앞에 있는 흙더미 위에 올라가 있다. 아이의 행동은 날쌔고 거침이 없다. 마치 높은 산에라도 오른 듯 오르락내리락하며 스스로 즐기고 있다. 흙더미 뒤의 풀밭으로 사라졌다가 다시 나타나기도 한다. 오후의 햇살 속에서 생동감으로 가득 찬 아이의 몸짓이 잠자리의 날갯짓 같다.

어디선가 개 짖는 소리가 들린다. 아이는 함성을 지르며 앞으로 달려 나온다. 그리고 땅바닥에 떨어져 있던 비닐 끈을 주워 들고는 한쪽을 나에게 내밀며 말한다. "아줌마, 괴물이 나타났어요. 이 줄을 잡고 나를 따라오세요." 아이가 이끄는 대로 작은 흙더미 위에 올라선다. 마치 높은 산에 올라선 것처럼 시야가 넓어진다. 정말 저 아래의 어딘가에 갇혀 있다가 구출된 듯하다. 나는 나의 어린왕자님의 행색을 유심히 살펴본다. 회색 줄무늬 내복 차림에 누런 콧물을 빼 달고 있다. 슬리퍼를 신은 맨발이 흙먼지로 뽀얗다.

우리는 다시 나무 의자에 나란히 앉는다. 아이가 말한다. "아줌마, 나 신기한 것 만들어 주세요." 대답할 말이 도무지 생각나지 않는다. 내가 우물쭈물 하는 사이, 아이는 옆에 있던 내 가방에 서슴없이 작은 손을 넣었다가 뺀다. 순식간이다. 아이는 꼭 쥔 주먹을 내밀어 내 앞에서 펼쳐 보인다. 빈손이다. "여기 마술이 있잖아요." 나는 아이를 다시 한 번 쳐다본다. 가슴이 뛴다. 나도 이 아이처럼 마술로 가득 찬 세상을 의심 없는 눈으로 바라볼 수는 없는 것일까.

마을 앞길로 트렉터를 몰고 오는 농부가 보인다. "아줌마, 나 집에 갈게요." 어쩌면 아이의 아버지일 것이다. 아이가 몇 걸음 걸어간다. 바람이 불자 노란 낙엽이 우수수 쏟아진다. 아이가 몸을 굽혀 낙엽 하나를 주워 들고 돌아보며 말한다. "아줌마, 예쁘지요?" 나는 아이에게 다가가 무릎을 낮추고 눈을 맞춘다. 아이의 눈빛이 늦가을 잘 익은 검은 머루 알처럼 맑고도 깊다.

눈을 들어 위를 쳐다본다. 잎을 떨구고 한결 헐거워진 가지들 사이로 파란 하늘이 보인다. 생각해 보면, 이 오래된 나무에 새 잎이 나는 것도, 이렇게 낙엽이 지는 것도 다 마술이 아닌가.

집으로 돌아가는 아이의 머리 위로 가을 햇살이 부챗살처럼 쏟아진다. 마을 뒷산의 단풍도 절정으로 치닫고 있다. 문득 누군가가 세상에 걸어 놓은 이 마술이 오래도록 풀리지 않았으면 하는 마음이 간절해진다.

그 후에도 나는 여러 번 느티나무 근처를 배회하며 나의 어린 왕자님을 기다렸지만 만날 수 없었다. 다만 가을이면 어김없이 단풍든 잎들을 떨어뜨리는 노회한 느티나무가 아직은 마술이 풀리지 않았음을 말해주었다.

낚시

고요하던 수면에 파문이 일자 호수에 거꾸로 잠겨 있던 가을 산이 가볍게 흔들린다. 마치 긴 잠에서 깨어나 눈을 뜨는 것처럼 파문은 떨리는 물살을 기슭으로 밀어낸다. 그 한 가운데에 눈동자처럼 박혀 있던 찌가 위아래로 자맥질을 시작한다. 드디어 입질이 온 것이다.

낚시터에 고여 있던 지루한 시간이 물비늘에 얹혀 햇살을 튕겨낸다. 이내 낚싯대가 휘어지고 거울 같던 수면은 물고기의 숨 가쁜 몸부림으로 파랑이 인다. 투명한 낚싯줄 끝에 가을 붕어 한 마리가 달려 나온다.

떨어지는 낙엽처럼 허공에서 몇 번 몸을 뒤채던 붕어는 이내 조용해진다. 바늘이 뽑히자 아가미를 들썩거리며 거친 숨을 내쉰다. 잠시 이를 바라보던 초로의 낚시꾼은 허리를 굽혀 호수 기슭에 붕어를 놓아 준다. 가을색이 물든 수면 위로 낙엽색의 붕어가 미끄러지며 사라진다. 절명의 순간에서 놓여난 붕어이다.

호숫가를 산책하던 나는 낚시꾼의 행동을 무심히 바라본다. 그는 쪼그리고 앉아 바늘에 새로운 미끼를 꿰고 있다. 이미 좀 전에

낚시 153

놓아준 붕어는 잊은 듯하다. 그의 앞에는 아직도 두 개의 붉은 찌가 놓여 있다. 불현듯 부는 바람에 찌들이 좌우로 살랑댄다. 흔들리는 찌들을 바라보고 있자니 문득 또 다른 낚시터가 생각이 난다.

모니터 속에서 찌들이 어지러운 자맥질을 시작했다. 며칠 동안 마치 평온한 수면처럼 나지막한 높이를 유지하던 막대들이 위아래로 급격하게 흔들렸다. 오를 때는 붉은색 막대가, 내릴 때는 푸른색 막대가 번갈아가며 나타났다. 누군가가 내가 던진 미끼를 건드리고 있다는 신호이다. 그러나 아직 방향을 속단하기에는 이르다. 나는 의자를 끌어당기며 모니터 앞에 바짝 붙어 앉았다. 이제 곧 손맛이 느껴질 것이다. 대어를 놓치지 않으려면 한시도 긴장감을 늦추어서는 안 된다. 마우스를 쥔 오른손이 바르르 떨리는 것이 느껴졌.

오전 9시부터 오후 3시까지 열리는 주식시장은 낚시터를 방불케 했다. 모니터 속에는 고래처럼 몸집이 큰 대형주부터 멸치 같은 소형주까지 물고기들이 가득했다. 그래프가 일단 위쪽으로 방향을 잡으면 물고기들은 그 선을 따라 붉은 물보라를 일으키며 수면 위로 솟구쳤다. 몸집이 큰 것은 높이 뜨지는 못했으나 오래 머물렀고, 몸집이 작은 것들은 순식간에 높이 올랐다가 아차 하는 순간에 다시 곤두박질치기가 일쑤였다.

붉은 막대들로 수놓아진 그 광경은 낚시꾼들의 환호를 자아내기에 충분했다. 이제 물고기들에게 온통 마음을 빼앗긴 낚시꾼들은 낚시터를 떠날 수가 없다. 나도 화장실에 가는 시간을 제외하고는 모니터 앞을 지켰다.

친구는 엉덩이가 무거운 것 또한 낚시꾼의 덕목이라고 충고했다.

가까운 친구였으나 나는 그녀와 그녀의 남편이 십수 년간 주식에 투자해온 사실을 알지 못했다. 아파트 평수를 늘려 이사한 집들이 날, 무심히 그 사실을 흘린 친구는 후회하는 기색이 역력했다. 소액 투자도 가능하고 환금성이 좋은 반면 매우 위험한 일이라고 했다. 무턱대고 투자하다보면 깡통을 찰 수도 있다면서. 나는 깡통이 원금이 다 손실이 나서 잔액이 제로가 된 주식 투자 통장을 일컫는 말이라는 것을 후에 알았다.

넌지시 일러 준 그녀의 비법은 심해어를 낚는 방법이었다. 심해어는 물속 깊은 곳에서 조용히 살아간다. 따라서 그 존재에 대해서 정확한 정보를 가진 이는 많지 않다. 심해어는 좀처럼 수면 위로 떠오르지 않는다. 오랜 세월 심해에 최적화된 방법으로 살아왔으니 굳이 그럴 필요가 없기 때문이다. 그러므로 특수한 상황이 발생되어 심해어가 모습을 드러낼 때까지 낚시꾼은 인내심을 가지고 때를 기다려야 하는 것이다. 바닥을 기는 푸르고 짧은 막대들의 지루한 행진을 조바심 없이 바라볼 수 있어야 한다.

낚시꾼 중의 고수를 꼽으라면 헤밍웨이의 자전적 소설「노인과 바다」에 나오는 노인을 뺄 수는 없지 싶다. 인내심이 그 척도라면 더욱이 말이다. 아마도 청새치는 심해어가 아닐 것이다. 그래도 노인이 청새치를 잡기까지는 많은 인내심이 필요했다. 주위의 배들이 만선의 깃발을 휘날릴 때, 빈 배로 돌아와야 하는 그의 고적함을 누가 알겠는가. 다음날 다시 바다로 배를 띄우고 홀로 낚싯대를 곧추 잡는 그의 쓸쓸함 또한 누가 알겠는가. 그러나 노인은 그 모든 것을 인내했다. 유독 바람이 푸르고 물결이 맑은 어느 날, 문득 낚시에 걸려든 청새치의 무게로 자신이 휘청거릴 때까지.

 몇 번의 잔 손맛으로 제법 짭짤한 수익을 맛 본 나는 본격적으로 심해어 찾기에 나섰다. 햇살이 들지 않는 심해에 손전등을 비추듯 세세한 정보들을 들추어냈다. 순자산과 비교한 영업 이익이라든지, 부채 비율과 현금 보유량 같은 기본 통계에 이런저런 귀동냥을 보태었다. 그러다가 가느다란 파란 선으로 명맥만 유지하는 듯 보이지만 이따금씩 아가미를 들썩이는 심해어를 발견했다. 그 심해어가 붉은 숨을 몰아쉬며 고개를 들기 시작할 때, 나는 꽤 많은 금액을 투자함으로써 그 앞에 미끼를 던졌다. 나의 심해어 낚시가 시작된 것이다.

 노인은 청새치의 힘을 감당하지 못해 이틀 밤낮을 끌려 다녔다. 청새치와 연결된 낚싯줄을 잡은 노인의 팔은 팽팽한 긴장감으로 활처럼 휘어졌으리라. 그리고 그의 손은 날선 낚싯줄에 베여 피멍이 들었을지도 모르겠다. 몰아치는 파도와 쉼 없이 작열하는 태양 아래에서도 노인은 포기하지 않았다. 마침내 청새치가 힘을 잃자 노인은 그 자랑스러운 노획물을 뱃전에 묶고 만선의 깃발을 올렸다.

 이틀 동안 오르락내리락을 반복하던 주가가 가파르게 상승하기 시작했다. 거래량이 폭증하자 마침내 심해어가 수면 위로 떠올랐다. 붉은 찌들이 요동치며 폭죽처럼 치솟았다. 만선의 붉은 깃발이라 할 수 있는 상한가의 표식이 내걸리기까지 겨우 반나절이 걸렸을 뿐이다. 그러나 나의 심해어는 힘이 다한 것이 아니었다. 오후 내내 상한가를 유지하더니 이튿날 장이 열리자마자 또다시 상한가를 기록했다.

만선의 깃발을 내건 노인은 흐뭇한 마음으로 청새치를 바라보았을 것이다. 이만하면 그간의 부진을 말끔히 씻고 명예를 회복할 만했다. 그러나 곧 피 냄새를 맡은 상어들이 나타났다. 노인은 자신이 아직은 항구가 아닌, 상어 떼로 둘러싸인 바다 위에 있다는 사실을 깨달았다. 청새치를 사이에 두고 노인과 상어 떼 간의 사투가 시작되었다.

또다시 그래프가 출렁이기 시작했다. 이번에는 푸른 찌들이 폭포수처럼 아래로 떨어졌다. 상어 떼가 나타난 것이다. 이틀 동안의 상한가로 몸집을 부풀린 심해어의 살점들이 사정없이 뜯겨져 나갔다. 손쓸 사이도 없이 순식간에 벌어진 일이었다.

사실 몇 번의 클릭으로 매도에 나설 수도 있었지만 나는 땀이 흥건한 손으로 마우스를 쥐고만 있었을 뿐, 아무런 시도도 하지 못했다. 머릿속에서는 뜯겨져 나간 살점들이 금액으로 환산되어 둥둥 떠다녔다. 최고가에 미련을 버리지 못하고 집착하는 사이 나의 심해어는 하한가를 기록하더니, 급기야 전보다 더 깊은 심해로 가라앉고 말았다. 흔한 말로 반 토막이 난 것이다.

항구로 돌아온 노인에게는 청새치의 뼈가 남았다. 그것은 그가 낚시꾼으로서의 자존을 잃지 않고 최선을 다했다는 사실을 증명했다. 원금을 회복해 보겠다며 유사한 과정을 두어 번 반복한 나의 통장에는 뼈도 남아 있지 않았다. 깡통이 된 통장을 확인하며 비로소 나는 깨달았다. 욕심에 눈이 먼 순간, 나는 이미 낚싯대를 놓쳤다는 것을. 어쩌면 내가 미끼를 던진 것이 아니라, 내가 스스로 미끼를 물고 낚인 것인지도 모른다는 것을.

내가 문 미끼에 메어져 있는 보이지 않는 줄을 따라가다 보니 채워지지 않는 욕망에 손을 떨며 찌를 노려보고 있는 나 자신이 보였다. 나는 스스로 만들어 낸 미끼를 물고 스스로 괴로워했던 것은 아닐까. 어쩌면 삶이란 스스로에게 미끼를 던지는 낚시인지도 모르겠다.

낚시꾼이 일어나 팔을 크게 휘두른다. 수면 저 아래 깊은 곳으로 새로운 미끼가 던져진다. 또다시 자신의 심연에 낚싯대를 드리운 낚시꾼은 조용히 찌를 응시한다. 다음 입질이 있을 때까지 낚시터의 평화로운 풍경은 지속될 것이다. 석양에 물들기 시작한 가을 산이 호수 속에서 더욱 붉어지고 있다.

하늘에서 하늘하늘 보이지 않는 낚싯줄이 내려온다. 그 끝에는 일상과는 전혀 다른, 욕망의 체취가 물씬 나는 먹음직한 미끼가 달려 있다. 몇 번 건드리다가 그만 덥석 물고야 만다. 그제야 그 속에 숨어있는 바늘의 위력을 실감하게 되는 것이다.

열정과 냉정 사이

색채의 마술쇼가 시작되었다. 대체 어디에 저토록 다양한 색깔의 물감들이 숨어 있다가 뿜어져 나오는 것일까. 아무리 살펴봐도 한여름 내내 푸르디푸르렀던 초목들밖에 보이지 않는다.

따스한 봄의 어루만짐에 문득 깨어나 대지 위로 싹을 내민 이후, 지금까지 태양으로부터 끝없는 사랑을 받아온 초목들이었다. 어쩌면 지겨우리만큼 쏟아지던 무한대의 사랑이었다. 쉼 없고 흔들림 없는 태양의 열정에 숨이 막힐 것 같았던 때도 있었으리라. 제발 조금만 물러나주기를 간절히 바랐을지도 모를 일이다. 그의 뜨거운 숨결로 대기에 열기가 자욱하던 한여름이 다 가도록 초목들은 언제까지나 계속될 사랑에 겨워 푸르게 넘실대었다. 어디선가 서늘한 바람이 불어와 풀잎과 나뭇잎을 움츠러들게 한 그날, 올려다 본 하늘에서 왠지 태양이 멀어져 보인 그날이 오기 전까지 너무나 당연해 하면서, 조금은 지루해 하면서.

그러나 어김없이 절기는 바뀌었다. 날마다 태양은 변함없이 뜨고 졌지만 예전의 태양이 아니었다. 태양은 그토록 사랑했던 초목으로부터 점점 멀어졌다. 그의 사랑에 숨 막혀 하며 검푸르게 타들어가는 초목들에게 마음이라도 상한 것인가. 그의 황금빛은 갈수록 우울해지고 쇠약해졌다. 그는 이제 녹여낼 것 같은 열정도, 쏟아붓는 사랑도 보이지 않았다. 다만 조금씩 조용히 물러날 뿐이었다.

태양이 사위기 시작하자 초목들은 제각각의 색채들을 토해 내었다. 단풍나무는 그로부터 받은 사랑이 피처럼 뜨거운 것임을 알았다. 뒤늦게 그를 그리워하는 수액은 순식간에 붉은색으로 물들었다. 실핏줄이 잎새의 끝에 이르자 붉은 손바닥은 태양을 향해 뜨겁게 흔들렸다.

은행나무는 태양으로부터 받은 사랑이 마치 꿈만 같았다. 가슴 가득 꿈을 꾸는 듯 나비 같은 노란 잎들이 가지마다 내려앉았다. 눈썹 같은 달이 수줍게 웃던 밤, 노란 나비는 별을 향해 날아올랐다.

억새는 태양의 사랑을 삭히고 삭혀 색채도 버리고 무게도 버린 채 빛이 되고자 했다. 태양의 빛을 닮은 은회색의 갈기는 석양 아래에서 찬란히 빛났다. 그러다가 무심한 바람 한 줄기에 자신을 흩날리고 태양에게로 돌아갔다.

가을의 산야는 온갖 색으로 물들었다. 태양으로부터 똑같이 받은 사랑이었으나 그 사랑은 제각각의 색채로 표현되었다. 그 풍요로움이, 그 조화로움이 보는 이의 가슴을 벅차게 한다.

내가 좋아하는 쑥부쟁이는 보라색으로 산기슭을 물들이며 지천으로 피어 있다. 보라색은 붉은색과 푸른색, 두 보색을 섞어야 나오는 색이다. 소박한 느낌을 주는 색이지만, 유심히 보면 다른 색들과는 달리 묘한 여운이 남는다. 붉고자 했으나 붉지 못하고, 푸르고자 했으나 푸르지 못했던 아쉬움이 느껴진다. 열정과 냉정 사이에서 흔들리고 지친 연민의 색이라고나 할까. 그만큼 품이 넓은 색이다. 그윽하고 사색적이기도 하다.

우연히 지나치게 된 시골 장터에서 할머니가 파는 쑥부쟁이 꽃을 한 소쿠리 샀다. 채반에 널어 말려 차로 만들 생각이다. 이제 이 가을이 가면 찬란한 색들이 모두 사라져 버린 무채색의 겨울날이 찾아오지 않겠는가. 그때 뜨거웠던 태양의 사랑을 떠올리며 나만의 색을 지닌 차를 마시고 싶다.

나도 세상에 나온 이후로 태양의 빛 속에서 살아왔다. 젊은 날은 뜨겁기만 한 열기 속에서 남들처럼 푸르기만을 고집하였다. 마치 동요에 나오는 가사처럼 누가 더 푸른가가 중요하였다. 그 뜨거움이 내 내부에 어떤 색을 축적하고 있는지도, 어떻게 그 색을 드러낼 수 있는지도 알 겨를이 없었다. 다만 뭔가 남다른 색채가 마음 바닥에 고이는 것을 어렴풋이 느꼈을 뿐이었다.

짙푸른 녹음은 다양한 색들의 근원이다. 빛을 다지고 다져 염료를 만드는 과정이다. 그 과정이 치열하고 고통스러울수록 나타나는 색은 다양하고 깊을 것이다. 그러니 지나온 세월이 고단했다 한들 실망할 일은 아니다. 그것이 나의 자양분이고 나만의 색의 원료이다. 이제 곧 인생의 가을을 맞아 아름다운 색으로 뿜어져 나올 것이니 말이다.

한동안 태양은 더욱더 멀어지며 차가워질 것이다. 초목들이 그의 사랑을 깨달아 충분히 표현하고, 또다시 간절히 원할 때까지 묵묵히 지켜볼 것이다. 그것이 열정과 냉정 사이를 오가는 그의 사랑이다.

  눈을 감았다가 다시 뜬다. 가을빛 속에서 아름다운 세상이 보인다. 나도 한적한 산기슭 아래에 한 송이 쑥부쟁이 꽃으로 자리를 차지하고 있다. 언젠가 차가운 서리를 맞아 꽃이 사위어지고 보잘 것 없는 한 올 씨앗으로 남는 그날, 나는 또다시 뜨거운 사랑을 간절히 원하리라. 이토록 아름다운 가을을 차마 잊지 못할 것이므로.

바람을 타고 가지에서 떨어져 내리는 낙엽들을 볼 때마다 나는 그들의 낙하에 아득함을 느낀다. 애잔한 가을꽃들이 줄기째 스러질 때에도 깊은 상실감을 떨치기 어렵다. 그들이 떠난 자리에서 그들을 그리워한다.

공중전화기

아파트 단지 한 쪽에 공중전화 부스가 있다. 하늘색 지붕은 희끗희끗하니 빛에 바래있다. 여닫는 문은 이미 오래전에 떨어져 나갔고, 투명한 벽에도 여기저기 잔금이 가득하다. 군데군데 희뿌옇게 먼지가 말라붙어 있다. 그 안 가로놓인 삼각대 위에 때 묻은 공중전화기가 위태롭게 놓여 있다.

바로 옆은 마을버스 대기실이다. 관리실에서 가까운 곳이라 늘 깨끗이 청소되어 있다. 단지에서 가장 활기찬 장소이다. 아침에는 학생들과 직장인들이 모여 버스를 기다린다. 오전 열 시쯤이면 시장에 가거나 외출을 하는 여자들이 모이고, 오후에는 학원 버스들이 아이들을 내려놓고 회차를 한다고 분주하다. 그리고 낮 시간의 대부분은 무료함을 달래는 할머니들의 전용 공간이 된다. 오가는 사람들이 많고, 앞이 탁 트여 시야가 시원한 탓이다.

그러나 그들 중 누구도 공중전화기를 이용하지는 않는다. 아이들도 휴대폰으로 친구를 부르고, 여자들도 휴대폰으로 약속시간을 확인하며, 할머니들도 휴대폰으로 자식들의 안부를 묻는다. 공중전화기를 눈 여겨 보는 사람은 아무도 없다.

며칠 전에 아파트 운영위원회에서 공중전화 부스를 철거하자는 안건이 논의되었다. 이용하는 사람도 없고 흉물스러운 모습이 보기 싫다는 이유에서였다. 통신 회사에서 이윤도 나지 않는 저 공중전화기를 새 것으로 바꾸어 줄 리는 만무하니, 아예 철거를 해 버리자는 것이었다. 모두들 찬성하는 분위기였다.

우리 동 대표로 참석하고 있던 나는 손을 들었다.

"그 공중전화기를 이용하는 사람이 있습니다. 그도 우리 아파트 주민입니다."

사람들이 일제히 나를 쳐다보았다. 그들의 눈동자는 누가, 세 살부터 여든 살까지의 대한민국 국민 모두가 버릇처럼 휴대폰을 사용하고 있는 이 시대에 도대체 누가 공중전화기를 이용한다는 말인가 하고 묻고 있었다.

내가 그를 알게 된 것은 한 달 전쯤이었다. 실은 그의 국적도, 그의 이름도 모르니 안다고 할 수 없을지도 모르겠다. 그러나 그의 가슴에서 흘러나오는 목소리를 들었고, 그의 눈물 어린 눈빛을 보았으니 모른다고 할 수도 없다.

갱년기가 되어서 그런지 잠이 오지 않는 밤이 잦았다. 그런 밤에는 밤 산책을 나가곤 했다. 그날도 자정이 넘을 때까지 이리저리 시간을 보내다가 한 시쯤 현관문을 열고 밖으로 나섰다.

달 밝은 늦은 봄 밤, 산책하기 좋은 밤이었다. 유난히 일찍 핀 넝쿨 장미의 향기가 나를 따라 나섰다. 가로등 불빛에 어른거리는 나뭇잎 그림자는 인적이 없는 시간에 지나가는 나를 향해 반갑다는 듯 손을 흔들어 주었다. 주변 산책로를 유유자적하며 거닐다가 어디선가 들려오는 나지막한 목소리에 걸음을 멈추었다. 나는 그 목소리를 따라 공중전화 부스 가까이 가게 되었다.

물 흐르는 것 같은 목소리는 끊어질듯 이어졌다. 마치 단조로 된 노래를 낯선 이국어로 부르는 것 같았다. 가끔씩 짧은 한숨 소리가 섞이기도 했다. 나는 달빛이 고인 버스 대기실 의자에 앉아 그가 고국의 가족과 대화하는 목소리를 들었다. 내용을 알 수는 없었지만 가슴속에 슬픔이 차올랐다.

통화가 끝났는지 조용해졌다. 나는 급히 일어나 자리를 피하려고 했으나 공중전화 부스에서 나오는 그와 그만 마주치고 말았다. 검은 곱슬머리에 눈썹이 짙었다. 거무스레한 얼굴에서 유난히 빛나는 두 눈이 물기에 젖어 있었다. 인근 공장에서 기숙사로 사용하고 있는 우리 동 102호에 사는 외국인 근로자였다.

나는 그와 여러 번 계단에서 마주쳤으나 모르는 척 지나치곤 했었다. 행여 눈길이라도 마주칠까 걸음을 빨리하기도 했다. 딱히 싫지는 않았지만 구태여 관심을 보이고 싶지도 않았다. 모양새가 다르고 말도 통하지 않는 그는 나에게 그저 이방인일 뿐이었다.

깊은 밤 예상치 못하게 나와 마주친 그는 당황하는 기색이 역력했다. 오른손을 약간 앞으로 내밀고 어정쩡하게 고개를 숙이며 인사를 하는 것 같기도 했다. 나는 그냥 까딱 목례를 하고는 총총히 그 자리를 떴다. 등 뒤로 그의 눅눅한 시선이 느껴졌다.

오래전 초여름 어느 날, 나는 막냇동생을 독일로 떠나보내야만 했었다. 어머니를 여의고 얼마 지나지 않은 때였다. 유학이 아니라 입양이었다. 여러 가지 상황이 너무나 어려웠다. 열여덟 살, 아직

어리다면 어린 동생을 낯선 이국으로 떠나보내고 며칠 밤을 눈물로 지새웠다. 시차를 계산해 새벽 두세 시에 가로등 불빛에 그 긴 국제 전화 번호를 비추어 가며 공중전화 수화기를 들었던 시절이 나에게 도 있었던 것이다.

인생의 행로는 종종 예상할 수 없는 곳으로 흐르기도 한다. 이방인이 따로 있는 것이 아니다. 누구든 둥지를 떠나서 낯선 곳으로 가게 되면 이방인이 되는 것이다. 내가 그와의 사이에 알게 모르게 선을 그으며 그를 이방인으로 만들었던 것은 아닌가 하는 생각도 해 본다. 그 선을 허물면 그도 이웃이 될 것이다.

다행히 공중전화 부스는 살아남았다. 여전히 사람들은 바로 옆에 놓여 있는 공중전화기에 관심을 보이지 않는다. 나는 슬며시 부스 안으로 들어가 수화기를 들어본다. 그의 체온이 남아있을 리가 없을 터인데, 왠지 손바닥이 따스해진다.

사람과 사람 사이가 보이지 않는 줄로 연결되어 있다고 느끼며 살았다. 그 끝이 아스라이 멀어서 끊어질까 마음을 졸이던 시간들도 있었다. 지금도 공중전화기를 보면 문득 그 아스라함의 끝에서 들려오던 누군가의 목소리가 떠오른다.

하양이

산책길을 따라 야트막한 언덕을 지나 산기슭으로 들어서니 산딸기나무가 보인다. 뜨거운 햇살 아래 산딸기가 검붉은 빛으로 잘 익어있다. 생각해 보니 하양이가 이 나무 아래에 묻힌 지도 여러 해가 지났다.

이제부터 나의 오래된 친구 하양이에 대하여 이야기하려고 한다. 나는 그를 잊지 않겠노라고 약속했었다. 이렇게 글로 남기는 것도 그 약속을 지키는 한 가지 방법이 되리라 생각한다.

그는 삽살개와 요크셔테리아가 섞인 잡종견으로 주인이 없는 들개였다. 체구는 크지 않았지만 영민해 보이는 붉은색의 두 눈을 가지고 있었다. 그는 내가 살고 있는 아파트와 천성산 사이의 들판을 누비며 자유롭게 살아가고 있었다. 어떤 연유로 들개가 되었는지에 대해서는 아는 바가 없었다. 다만 모종의 문화적 태도를 느낄 수가 있어 한때는 애완견이었을지도 모른다고 추측할 뿐이었다. 온몸이 흰 털로 뒤덮여 있어서 우리는 그를 하양이라고 불렀다.

우리라 함은 천성산 아래 빈 논바닥에 덩그러니 들어선 이 아파트로 이사 온 이후 친하게 지내게 된 이웃의 두 형님과 나, 이 셋을 말함이다. 그 당시 우리는 텃밭을 일구는 재미에 푹 빠져 늘 붙어 다녔다.

어느 날, 달이 뜨도록 늦게까지 밭에서 놀다가 큰 형님이 노래를 부르기 시작했다. 밭두렁에 나란히 앉아 맑은 목소리로 부르는 '문 리버'를 듣고 있는 우리에게 하양이가 다가왔다. 몇 발자국 떨어진 곳에서 우리처럼 달을 향해 앉은 채 조용히 노래를 들었다. 우리는 하양이가 곧 우리의 친구가 되리라는 것을 알았다. 친구는 친구를 알아보는 법이다.

하양이는 영리한 개였다. 이상하게도 다른 사람을 따르지 않았지만, 우리에게도 아주 가까이 다가오는 일은 드물었다. 다만 언제나 몇 발자국 앞장서서 우리를 호위하곤 했다. 각자의 집을 정확히 알고 있었고, 누가 어디로 가는 것인지도 미리 알고 있었다. 아마도 옷차림을 보고 판단을 했던 것이리라. 언제나 흰 꼬리를 올리고 당당하게 앞장서서 현관 앞까지, 가게까지, 큰길까지 호위하는 것이었다.

어디에 있다가 홀연히 나타나는 것인지 신기할 때도 많았다. 하양이의 움직임은 조용하고 민첩하고 결연한 면이 있었다. 우리와 헤어질 때가 되면 머뭇거림 없이 곧바로 돌아서서 자기의 갈 길을 가곤 했다.

사실 하양이는 아파트와 인근 마을 사람들 사이에서 이미 유명인사였다. 가끔씩 무리들을 이끌고 나타나 들판을 종횡무진 달리는 하양이는 아이들에게는 호기심의 대상이었다. 그리고 먹이나 그 어떤 유혹으로도 길들여지지 않는 그를 나이 많은 어른들은 요물이라고 불렀다. 올 여름에는 기어코 하양이를 잡아 몸보신을 하겠노라는 인근 마을 술꾼들의 호언장담에도 불구하고 매번 복날은 무사히 지나갔다.

겨울이 되면 혹독한 추위를 피해 어디론가 사라졌던 하양이는 다음해 봄 초췌해지기는 했으나 더욱 빛나는 눈빛을 가지고 어김없이 돌아왔다. 우리는 그럴 때마다 하양이의 기지와 용기에 감탄하곤 하였다. 그렇게 하양이와 우리는 행복한 한 해, 한 해를 보내었다.

누구나 살다 보면 한없는 외로움에 빠질 때가 있는 법이다. 자정도 두 시간이나 지난 한밤중, 놀이터 그네에 앉아 불 꺼진 창들을 하염없이 바라보았다. 아무도 나의 외로움을 알지 못하는 것이 야속하여 눈물이 솟았다.

그때 등 뒤에서 누군가 응시하는 눈길이 느껴졌다. 뒤돌아보니 몇 걸음 떨어진 곳에서 하양이가 측은한 눈길로 나를 바라다보고 있는 것이 아닌가. 마음을 추스르는 동안 조용히 기다리던 하양이는 내가 일어서는 기척을 내자, 어김없이 앞장서서 현관문 앞까지 호위하여 주었다. 그때 나는 약속했었다. 너를 잊지 않겠노라고.

그런 하양이가 큰길에서 차에 치여 죽었다는 전화가 걸려왔다. 전화를 끊자마자 정신없이 뛰어나갔다. 가게에서 내놓은 라면 상자를 들고 뛰고 있는데, 하얀 속치마를 움켜쥐고 앞서 뛰어 가고 있는 큰형님이 보였다. 눈물로 범벅이 된 얼굴을 하고 작은 형님이 큰길가에 주저앉아 있었다.

나는 도로 한가운데에 서서 양팔을 흔들며 오가는 차를 막았다.

차들이 빵빵거리는 소란 속에서 두 형님은 도로 위에 흩어져 있는 하양이의 살과 뼈를 맨손으로 속치마에 쓸어 담았다. 그 속치마를 담은 라면 상자를 하양이와 자주 다니던 천성산 기슭의 이 산딸기나무 밑에 묻었다.

하양이는 작은 형님이 타고 가던 버스를 뒤따라가다 뒤에서 달려오던 차에 치였던 것이었다. 놀란 형님이 창문을 두드리며 버스를 세우고 내렸다 한다. 영리한 하양이가 왜 그런 행동을 했는지 지금도 우리는 알지 못한다. 다만 우리가 알지 못하는 이유가 있으리라 짐작만 할 뿐이다.

해가 갈수록 그 산딸기나무는 유난히 탐스런 열매를 맺었다. 우리는 오가며 산딸기를 따먹었으나 하양이에 대해서는 아무런 말도 하지 않았다. 그의 삶은 그것으로 충분하였으므로 아무것도 덧댈 것이 없었다.

하양이는 자유로운 영혼이었다. 보잘 것 없는 몸과 열악한 환경 속에서도 지혜를 가지고 꿋꿋이 살았다. 사람들에게 먹이나 애정을 구걸하는 일은 없었다. 자연 속에서 즐겁게 뛰놀았으며 친구를 사귀어 교감할 줄도 알았다. 비록 짐승이었으나 언제나 스스로 선택하는 삶을 살았다.

산딸기를 깨물자 달콤한 향이 입안에 퍼진다. 오늘따라 몹시도 하양이가 그립다.

'자유로운 영혼'이라고 썼더니 누군가가 닳고 닳은 표현이라고 충고했다. 나는 그 말이 참 옳다는 생각이 들었다. 무릇 닳고 닳지 않고서야 어찌 자유로울 수 있으리.

국밥

밥 먹는 법

곶감

풀꽃

반추 동물

국밥

불을 댕긴다. 자궁처럼 둥글고 깊은 어둠에 섬광이 인다. 아궁이 속이 환해지더니 이내 푸른 꽃잎 같은 불꽃들이 일렁인다. 후끈, 끼쳐오는 열기가 앞으로의 치열한 여정을 예고하는 듯하다.

어느덧 만개한 불꽃들은 가마솥의 검은 배를 핥기 시작한다. 푸른 혀뿌리를 들썩이며 붉은 혓바닥을 둥글게 말아 올린다. 가마솥이 점점 뜨거워지고 있다. 부드럽지만 가혹한 이 애무는 쉽게 끝나지 않을 것이다. 제 속에 품은 뼈들을 낱낱이 고아 한 솥 가득 뿌연 정수를 뽑아 올릴 때까지 가마솥을 달구고 또 달굴 것이다. 마치 한 생명을 탄생시키는 지난한 산통처럼.

가마솥은 십 년 동안 이 자리를 지키고 있다. 아궁이의 거센 열기를 시종 침묵으로 받아낸 솥은 그 깊이를 알 수 없는 아득한 우물처럼 보인다. 시퍼렇게 날이 선 세상살이에 가슴이 시린 날이면 정갈한 행주로 그의 등을 닦고 또 닦았다. 마음의 생채기에 굳은살이 박이고 새살이 돋는 과정을 수없이 반복하는 동안 언제나 내 곁을 지켜 주고 있다. 그의 한결같은 동행이 눈물겹다.

불꽃이 맹렬해진다. 반쯤 물이 들어 있는 솥 안쪽으로 땀방울 같은 기포가 맺힌다. 이 험난한 여정에 기꺼이 동참하겠노라고 가마솥이 보내는 무언의 신호이다. 이제 기포들은 수면으로 떠올라 허공으로 사라질 것이다. 물은 맑고 차가운 그의 본성을 기포에 실어 흔적도 없이 바람으로 날려야 한다. 그 상실감으로 절절이 끓어올라야 한다. 주어지는 현실을 온전히 내 것으로 끌어안기 위한 통과의례이다. 마침내 자신을 철저히 비워야만 할 때가 된 것이다.

대야에 담가 놓은 뼈에서는 선홍색의 핏물이 우러나와 잉크처럼 번진다. 뜨거운 삶을 표표히 돌아선 뼈의 주인들을 기리기 위해 물속에서 피는 붉은 연꽃 같다. 꺽쇠처럼 꺾여 불가해한 모양을 하고 있는 이 뼈들은 이른 아침에 배달 기사가 가져다 준 것이다. 갈색 포대에 담겨 도축장에서 이곳까지 한 시간여를 실려 왔다. 아니다. 이 뼈들은 거리를 가늠할 수 없는 곳으로부터 왔다. 삶과 죽음의 경계를 넘어 가죽을 벗고 살점마저 저민 채 이곳에 이르렀다. 그 아득한 거리는 얼마쯤 되는 것일까.

가마솥에서 물이 끓는다. 거꾸로 솟아오르는 폭포수처럼 하얀 김을 쏟아낸다. 뚜껑을 열고 뼈를 건져 끓는 물속에 넣는다. 파도가 일 듯 물이 출렁이며 일순 김이 잦아든다. 뼈를 다 넣고 나니 가마솥이 그득하다. 다시 뚜껑을 닫고, 가마솥의 열기가 솥뚜껑에 얹혀 있는 세월의 무게를 들어 올릴 때까지 기다린다. 첫 숨을 한 줄기 봉수대 연기처럼 피워 올리기까지 그리 오래 걸리지는 않을 것이다. 비로소 커피 한 잔을 마실 여유가 생긴다.

나는 유독 낯가림이 심하였다. 누군가와 마주칠까봐 발밑만 보고 걸어 다녔다. 행여 불편한 사람이라도 만날라치면 먼 길이라도 둘러서 가곤 했다. 어려서 부모를 떠나 가시 둥지에 의탁했던 시절부터였는지도 모르겠다.

어쩌면 사람과 사람 사이의 뛰어 넘지 못할 아득한 거리를 너무 일찍 알아 버린 것인지도 몰랐다. 타인의 기슭에 쉬이 가 닿을 수 없는 절망감이 외로움으로 배어 들었다. 그 외로움을 끌어안고 소라고둥처럼 내 안에 나를 가두었다. 그리고 그 안온함에 스스로를 길들이는 생활은 결혼 후에도 계속되었다.

그러나 나무를 흔드는 비바람처럼 현실이라는 광풍이 나를 흔들어 깨웠다. IMF라는 경제 위기의 그늘은 예외 없이 우리 가정에도 짙게 드리웠다. 더 이상 자기만의 세계에 머물며 애써 위안하는 생활은 썩어가는 나무뿌리처럼 현실을 더욱 악화시킬 뿐이었다.

자기 합리화나 변명은 통하지 않았다. 선택의 여지도 없었다. 오직 마주치며 헤쳐 나가는 길만이 남아 있을 뿐이었다. 안주하고픈 미련이 끈질기게 내 발목을 잡았지만 이번만큼은 기어코 맞부딪쳐 보리라고 다짐하였다.

불꽃이 가마솥을 달구듯 십 년 동안의 세월이 나를 달구었다. 발바닥으로부터 시작된 열기는 가슴에서 절정을 이루었다. 돌이켜 보건대 나에게로 다가오는 모든 것들은 당연히 내 몫으로 받아들여져야만 하는 것들이었다. 아집과 편견을 기포처럼 날려 보내며 세상으로 나아갔다. 나는 내가 아닌 것들과 하나가 되기 위하여 가마솥처럼 절절히 끓었다.

다시 가마솥이 끓는다. 거품이 인다. 거품은 여러 불순물들을 띄워 올리며 부글거린다. 고운 채로 거품을 걷어낸다. 이번에는 뭉텅 뭉텅 선지가 뜬다. 울혈이다. 뼈 마디마디에서 미처 삭히지 못한 감정들이 응고되어 떠오른다. 그것도 건져낸다. 자기기만과 어설픈 허세로 겉돌던 기름도 분리해 떠낸다. 여러 번 반복해서 말끔히 제거한다. 마치 연민인양 뼈를 싸고 있던 조금의 살점과 연골이 벗겨진다. 자욱한 김 속에서 드러나는 둥근 뼈가 사리처럼 하얗게 빛난다. 마침내 뽀얀 국물이 우러나오기 시작한다.

  한 모금 머금고 맛을 음미해 본다. 맵고 짠 세파에 절은 혀를 위로하고 시고 떫은 온갖 상처로 헤진 입안의 점막들을 어루만진다. 육신의 속내에까지 스미어 보이지 않는 균열들을 메우고 마른 물레방아처럼 돌아가는 헛헛한 심장을 부드럽게 진정시킨다. 흐르는 대로 감싸고 고이는 대로 메우는 진국의 참맛이다.

  첫 손님이 가게 문을 열고 들어선다. 새벽 노동으로 허기가 진 중년의 사내이다. 튼실한 뚝배기에 약간의 고기와 진국을 담고 파를 송송 띄운다. 이 국밥은 그에게로 가서 다시 뼈가 되어 고단한 그의 삶을 굳건히 떠받칠 것이다. 허리를 펴고 창가에 선다. 세월을 건너온 바람 한 줄기가 살갑게 어깨를 감싼다.

국밥 장사를 그만 둘 즈음에 이 십 년간의 여정을 기념하는 글 한 편을 남기고 싶었다. 국밥은 어쨌든 푹 고아져야 제 맛인데, 국밥을 끓이며 나는 얼마나 고아졌을까. 진국이 담긴 국밥 한 그릇이 넓고도 깊다.

밥 먹는 법

나는 소도시 근교에서 조그만 식당을 하고 있다. 규모도 크지 않고, 값도 비싸지 않은 소박한 식당이다. 한 십 년 가까이 식당에 오는 손님들을 대하다 보니 저절로 알게 된 것이 한 가지 있다. 손님들이 밥을 대하는 태도이다. 그 태도는 크게 두 가지로 나뉜다.

한 예를 들어보자. 이 손님들은 우선 문을 열고 들어오는 것부터가 활기차다. 대개 여러 명이 같이 오는데, 일터의 동료 사이인 경우가 많다. 옷은 작업복이고, 손에는 먼지와 얼룩이 묻어 있기도 하다. 오전 내내 이어진 노동으로 조금은 지쳐있지만, 점심시간이 너무도 반가운 사람들이고, 식사를 위해 찾아온 식당이 즐거운 곳인 사람들이다.

그들은 의자에 앉기가 무섭게 "아줌마, 배고파 죽겠습니다. 얼른 한 그릇 주세요." 하고 큰소리로 말한다. 빨리 식사가 나와 맛있게 먹을 생각을 하며 숟가락, 젓가락도 미리 준비해 놓는다. 잠시 기다리는 동안, 동료들과 유쾌한 농담도 한다. 그들은 맛있는 밥을 먹을 준비가 충분히 되어 있다. 식사를 가져가면 자기들도 도와서 식탁에 놓는다. 그리고 "와, 맛있겠다."를 연발하며 먹기 시작한다.

그들은 앞에 놓인 밥에 열중한 나머지 식사시간에는 대체로 조용하다. 후루룩, 쩝쩝거리는 소리, 숟가락, 젓가락이 잘그락거리는 소리만이 가득하다. 식사를 마치는데 걸리는 시간은 비교적 길지 않다. 열심히 먹기 때문이다. 식사가 끝나면 이마에 배인 땀을 닦고, 시원한 물이나 따끈한 커피로 입가심을 한다. 그리고 바삐 자리를 뜨는데, 그들의 인사는 한결같다. "아줌마, 잘 먹고 갑니다."이다.

그들이 돌아간 뒤 식탁을 치우다 보면, 거의 빈 그릇들이다. 맛있게 먹었다는 증거다. 비록 식사 값은 받지만, 식사를 준비한 사람으로서 흐뭇하고, 보람을 느낀다.

다른 예를 들어보자. 이 손님들은 대체로 차림이 말쑥하다. 인원도 두세 명이 넘지 않는다. 우선, 문을 열고 들어서기 전에 안의 분위기를 살핀다. "어서 오세요."하는 나의 인사에 안으로 들어오지만, 자리를 정해 앉는데도 잠시 망설일 시간이 필요하다.

내가 물 잔을 가지고 가면 이렇게 묻는다. "아줌마, 이 집 맛있어요?" 그들은 아무래도 맛있게 먹을 자신이 없는 표정들이다. 그리고 식사가 나오기를 기다리는 동안 그들은 자신들이 과거에 먹었던 최고의 맛집과 음식들을 자랑하기 시작한다. 전국적으로 안 가본 맛집이 없고, 맛보지 않은 진미가 없다. 어떤 음식은 어디가 최고이고, 또 어떤 음식은 어디가 제일이라고 다투어 말한다.

식사를 가져다주면, 먼저 숟가락으로 휘저어 보고, 젓가락으로 헤집어 본다. 그리고 먹기 시작하는데, 시간은 오래 걸리는 편이다. 앞에 있는 밥에 열중하기 보다는 자기 자랑이나 사업 이야기를 해야 하기 때문이다.

그러는 동안 국은 식고, 반찬은 마른다. 그들은 돌아갈 때면, 어김없이 김치의 빛깔이 살아있다는 둥, 밥알에 힘이 없다는 둥, 자신의 예민한 미각을 자랑하듯 한마디씩 평가를 하고 간다. 식별하고 판단하느라 맛있게 먹지 못한 것이 분명하다. 그들의 식사가 끝난 식탁에는 이리저리 떼어내고 골라낸 음식 찌꺼기들이 그득하다. 그들의 선입견과 편견의 부산물들인 것만 같다.

예전에 한 끼의 밥을 구하기도 어려웠던 시절을 기억하는 사람은 밥이 얼마나 현실적인 문제인가를 알 것이다. 밥은 인간의 생존과 맞닿아 있고, 그만큼 체험적이다. 지금 내 앞에 놓여 있는 이 밥은 과거의 진수성찬보다도, 미래의 산해진미보다도 소중하다. 지금은 이 밥이 나에게 주어진 나의 밥이기 때문이다. 그러니 맛있게 먹어야 하지 않겠는가? 맛있게 먹을 준비가 되어 있는 사람에게는 언제나 맛있는 밥이 주어진다.

우리가 인생을 살아가는 방법도 이와 별반 다르지 않다는 생각이 든다. 순간순간 배고픈 사람이 밥 한 그릇을 맛있게 먹듯이, 자발적이고 긍정적인 자세로 있는 그대로를 받아들이다 보면, 맛있는 인생도 맛볼 수 있을 것이다.

나는 오늘도 "아줌마, 이 집 맛있어요?"하고 묻는 손님들에게 이렇게 대답한다.

"그럼요, 손님이 맛있게만 드셔 주신다면." 물론, 웃는 얼굴로.

곶감

허물어진 담장이 오래된 절을 더욱 쇠락해 보이게 한다. 볕에 바래 윤기를 잃은 기와지붕마저 한쪽이 내려앉아 있다. 단청을 하지 않은 추녀 아래로 삭풍이 휘돌아 나간다. 풀도 사위고 잎도 다 진, 겨울 동안만은 시간이 멈춘 것 같은 고적한 골짜기에서 불어오는 바람이다. 나지막이 엎드린 요사채의 처마 밑에 달려 있던 곶감이 소리 없는 풍경처럼 흔들린다. 기척을 느꼈는지 스님이 장지문을 열고 내다본다.

가끔씩 찾아오는 유서 깊은 고찰이다. 마치 색계를 떠나오기라도 한 듯 온통 무채색의 풍경 속에서 오직 곶감의 다홍색만이 두 눈에 가득 찬다. 아마도 절 입구에 있는 커다란 감나무에서 딴 감들이지 싶다. 족히 두 아름은 되어 보이는 그 감나무는 수령을 가늠하기 어려우리만치 오래된 고목이다. 초파일에는 덩치에 어울리지 않는 작은 잎들이 햇빛을 받아 반짝거리는 것을 보았었다. 하마 생산을 그칠 나이가 되지는 않았을까 싶었지만, 해마다 적잖은 양의 수확을 보는 모양이다.

세월의 저편, 우리 동네에도 감나무가 있는 집이 많았다. 마당

한쪽이나 뒷마당에는 반들거리는 잎을 쓱쓱 내미는 무람없는 감나무가 한 그루씩은 있기 마련이었다. 약간은 수다스러우면서도 인정이 많은 아낙처럼 감나무는 봄이 되면 무수한 감꽃들을 달았다. 그 중 더러는 여름 비바람에 떨어지고, 대개는 가을이 되면 가지 끝에서 햇살로 채워진 주머니 같은 다홍색 감이 되었다.

할머니는 모양이 좋고 흠집이 없는 감들은 골라 항아리에 담았다. 홍시를 만들기 위해서였다. 아찔한 허공에서 줄타기 하듯 하늘에 걸려 있던 감들이 항아리에 엉덩이를 붙이고 편안히 좌정했다. 항아리는 집안에서도 서늘하고 통풍이 잘 되는 곳에 모셔졌다. 이제 감들은 제 속의 떫은 맛이 가실 때까지 한잠 푹 자면 될 일이었다.

그러나 봄, 여름, 가을에 걸쳐 온전한 하나의 감으로 영그는 것이 그리 쉽지만은 않은 일인가 보았다. 감 껍질이 채 야물기도 전에 곧잘 태풍이 오곤 했다. 어지러이 가지가 스칠 때마다 여린 껍질에는 생채기가 났다. 유년시절의 상처처럼 그 생채기는 감이 커질 대로 커진 뒤에도 거뭇한 상흔을 남겼다. 감에 어느 정도 과즙이 들자 벌레가 파먹고 새가 쪼아댔다. 용케 끝까지 버틴 감에는 속살이 보이는 천공이 생겼다. 그리고 이제 다 되었다고 방심을 한 탓일까, 돌연 땅에 떨어져 멍이 들기도 했다.

식구들은 둘러앉아 따로 모아두었던 상처 난 감들을 깎았다. 밑에서부터 꼭지 쪽으로 돌려가며 깎았다. 상처가 심할수록 칼은 깊이 들어가고 껍질은 두껍게 베어져 나갔다. 반들거리고 질긴 껍질을 벗은 맨살의 감들은 자신의 심지를 지나갈 외줄을 예감한 듯했다. 주황색 낯빛이 상기되어 더욱 붉어지는 것이었다.

이내 한 줄에 매달린 감들은 처마 밑에서 주렴처럼 흔들렸다. 맨살에 와 닿는 뭇 시선이 따가울까 염려해서였을까. 남향의 처마는 하루 종일 반그늘을 만들며 부르튼 맨살의 감들을 가려 주었다.

아마도 상처가 난 껍질을 깎아내지 않았더라면 썩어 버렸을지도 모를 일이다. 감으로서의 일생은 그것으로 끝이었을 수도 있었으리라. 달콤한 홍시가 되리라는 꿈을 이루지 못한 채 말이다. 상처 입은 감들은 자신의 껍질을 송두리째 깎아 내는 쓰라린 의식을 치르고서야 곶감이 될 수 있는 기회를 얻었다.

껍질을 깎아 낸 곶감처럼 나에게도 맨살로 세상에 나앉았던 시절이 있었다. 아이들은 어렸는데, 은행 잔고는 바닥을 지나 마이너스 눈금을 가리키며 빠르게 내려가고 있었다. 남들 눈에는 별일 없는 일상이 이어지는 것처럼 보였겠지만. 무더위에 하루하루 범위를 넓히며 썩어 가는 과일처럼 속수무책의 시간들이 쌓여 갔다. 나는 외면할 수 있을 때까지 외면하고, 버틸 수 있을 때까지 버텼다. 그러는 사이 애초 원인이 되었던 자리를 찾을 수 없을 만큼 상처의 부위가 커졌다.

이상하게도 고통이 가중되자 종종 비현실인 감각들이 찾아왔다. 문득 계절을 잊는다거나, 마치 허공을 밟은 것처럼 발밑이 붕붕 뜨는 느낌이 들기도 했다. 어쩌면 느닷없이 시장 한쪽에서 분식집을 시작한 것도 그런 비현실적인 느낌 때문이었을 것이다. 현실적인 판단을 할 수 있었다면 엄두도 못 낼 일이었다. 유일한 외출이 도서관 출입이고, 밤이나 낮이나 틈만 나면 책을 읽는 여자가 분식집을

연 것이다.

말이 가게지 난전을 조금 면한 것에 지나지 않았다. 나는 그곳에서 하루 종일 우동과 김밥을 만들어 팔았다. 생전 처음 해 보는 장사였다. 곁눈질로라도 이익을 챙기는 법을 배운 적이 없었다. 먹을 것을 주고 돈을 받는다는 것에 마음이 편치 않았다. 잔일로 이어지는 노동도 힘이 들었다. 그러나 가장 견디기 힘든 것은 시도 때도 없이 엄습하는 작열감이었다.

손님들을 대할 때마다 얼굴이 화끈거렸다. 아는 사람들이 찾아와 가게를 둘러보거나 하면 가슴이 따가워서 가게 뒤편으로 숨기도 했다. 늦은 밤이면 가게를 닫고 돌아서는 내 등 뒤로 텅 빈 시장터를 휩쓸고 온 찬바람이 불어왔다. 온몸이 쓰라렸다. 나는 껍질을 벗고 생계라는 외줄에 꿰인 채 허공에서 흔들리고 있었던 것이다. 뒤늦게 합류한 남편이라는 처가가 없었더라면 나는 그 시간들을 견디지 못했을지도 모를 일이다.

그해 겨울, 곶감은 사방에서 흔들리고 있었다. IMF라는 한파가 몰고 온 풍경이기도 했다. 포장마차가 늘어나고, 행상 트럭도 많아졌다. 돌이켜보면 열심히 일해서 생계를 유지한다는 것은 부끄러운 일이 아니었다. 다만 익숙하던 껍질을 벗고 돌연히 낯선 환경에 노출된 것으로부터 느끼는 아픔이었다. 무릇 고통이란 급격한 변화를 겪는 것에서 비롯되는 것이 아니던가.

가게가 시장가에 있었기 때문에 나는 하루에도 몇 번씩 재료를 사기 위해 시장을 들락거렸다. 때때로 난전에서 채소를 구입하는 일도 잦았다. 찬바람이 길가에 앉아있는 그들의 얼굴을 곶감처럼 발갛게 익히고 있었다. 나는 가끔씩 손님이 없는 한가한 시간을 틈타 뜨거운 커피를 가지고 가 그들 옆에서 노닥거렸다. 간간이 그들로부터 상처 난 껍질을 도려낸 이야기를 듣기도 했다.

바늘로 찌르는 것 같은 작열감이 하루가 다르게 가라앉았다. 여전히 찬바람은 불었지만, 어느덧 맨살에 굳은살이 붙기 시작한 것이다. 굳은살이 생기자 작열감이 멈추고 생활 속에 조금씩 단맛이 고이기도 했다. 돌이켜보면 그 시절 나도 곶감처럼 제 속의 떫은맛을 삭히며 맨몸으로 익어갔던 것은 아니었을까.

스님이 곶감 몇 개를 접시에 담아 내놓는다. 산사의 처마 밑에도 찬바람은 불었을 게다. 한 겨울 밤, 외줄에 매달려 한껏 움츠린 채 하늘을 올려다보기도 하였을 것이다. 얼음 조각 같은 별빛을 바라보며 나지막이 한숨도 쉬었으리라. 그러나 그 숨결이 멀리 가지 못하고 되레 제 얼굴에 하얗게 달라붙어 버린 것이었을까. 동통의 새벽이 지나고, 닳아 버린 싸리비 같이 짧아진 겨울 햇살이 한숨을 말려 분을 만들었나 보았다. 살짝 그을린 얼굴에 발라진 하얀 분이 제법 곱다.

꾸덕꾸덕해진 몸집에서는 쫄깃한 긴장감과 적당한 탄력이 느껴진다. 한 입 베어 문다. 모진 겨울을 맨몸으로 흔들리며 건너온 곶감의 단맛이 입 안 가득 퍼진다.

풀꽃

서쪽으로 난 창에 성에가 하얗다. 밤새 동장군이 입김을 불어가며 창가에 서 있었나 보다. 어깨에 내려앉는 공기가 얼음 기둥을 돌아 나온 것처럼 차갑다. 스웨터를 찾아 걸치고, 뜨거운 차 한 잔을 따른다. 호기 있게 피어오르던 수증기가 코끝에 닿기도 전에 차향이 흩어진다. 차 몇 모금으로 몸이 더워지기를 기다려 책을 펼쳐 든다. 차가운 날씨가 마음까지 얼렸는지 도무지 다른 일은 할 엄두가 나지 않는다. 하릴없이 책이나 읽을 수밖에.

책장을 넘기자 잘 다져진 풀꽃 하나가 눈에 들어온다. 지난 봄 산책길에 뜯어서 넣어 두었던 제비꽃이다. 꽃잎은 연하고 투명한 보랏빛으로, 잎은 짙은 녹갈색으로, 변색이 되긴 했지만 깨끗하게 잘 말라 있다. 활짝 피어 있는 꽃잎에서는 마치 향기라도 날 듯하다.

문득 초등학교 시절 여름 방학 숙제로 식물 채집을 하던 생각이 난다. 채집할 식물들은 지천에 널려 있었다. 엉겅퀴가 창끝 같은 뾰족한 잎을 겨누며 사열식을 하는 신작로를 따라 걸었다. 솜털이 보송보송한 강아지풀을 뽑아 친구들 코끝을 간질이기도 하면서 뒷산에 이르면, 온갖 종류의 풀과 꽃들이 서로 몸을 비벼가며 산자락을 덮고 있었다. 여름의 대지를 푸르게 물들이며 생명의 파노라마를 펼치는 초록의 향연장, 그곳에서 눈이 가는대로, 손이 닿는 대로 채집을 하면 되었다.

채집한 풀꽃들을 다지기 위하여 오래되고 두꺼운 책들이 동원되었다. 뿌리까지 조심스레 캔 것들을 갈피마다 끼우자 철 지난 잡지는 배가 불룩해졌다. 집에 돌아와 그것들을 다시 두꺼운 백과사전 속으로 하나씩 옮기고 그 위에 벽돌을 올려놓았다. 며칠이 지나자 책장마다 희미한 얼룩을 남긴 풀꽃들은 한결 숨이 죽어 있었다. 그것들을 또 다른 책의 갈피에 끼웠다. 방학이 끝나기 전에 납작하고 깨끗하게 잘 다져야 하기 때문이었다.

다져진 풀꽃들을 투명 테이프로 스케치북에 하나씩 붙였다. 그런데 그 식물들의 이름을 알아내는 것 또한 여간 어려운 일이 아니었다. 꽃다지, 냉이꽃, 제비꽃, 쑥부쟁이, 민들레, 강아지풀, 토끼풀 등이 내가 아는 이름의 전부였다. 어른들에게 물어보고 식물도감을 동원해도 이름을 알 수 없는 것들이 더 많았다. 채집장을 완성한 후에도 이름 모를 풀꽃들이 다져진 채로 남겨졌다.

비록 채집장에 이름을 올리지는 못했지만 남겨진 풀꽃들은 나름대로 다양한 용도로 사용되었다. 편지지에 모양 있게 붙여서 친구에게 보내기도 하였다. 카드와 책갈피도 만들었다. 더러는 여러 책 속에 끼워져 잊혀졌다가, 예상치 않았던 순간에 발견됨으로써 소박한 기쁨을 주었다.

여름날 싱싱하고 아름다웠던 한순간이 마르고 다져졌어도, 은은해진 색채와 단아해진 모양에서 그대로 전해졌다. 특히 새로 바른 창호지 속에서 햇살을 받고 있는 풀꽃들은 다시 생명이라도 얻은 듯이 환하게 빛나는 것이었다.

식어버린 찻잔에 다시 뜨거운 차를 따른다. 책갈피 사이의 다져진 풀꽃을 손가락 끝으로 만져 본다. 그 부박한 형상이 지난 세월을 추억의 깃털로 스치고 있는 듯 가벼워 보인다. 시간을 비껴 앉아 영욕의 습기를 말려 내고 인과의 부피를 다져낸 풀꽃에는 온기도 냉기도 스며 있지 않다.

사실 나 자신도 이름 없는 풀꽃이 아니던가. 아무개라는 이름은 가지고 있으나 정작 어디에도 그 이름 석 자를 변변히 올릴 곳이 없으니 이름 없는 풀꽃이라 하여도 무방하리라.

나 또한 다져진 풀꽃과 다름없는 삶을 살아왔다. 따스한 봄날 속살이 움터 홀연히 꽃으로 피어나는 환희를 맛보았다. 타는 듯 이글거리는 태양 아래 마른 침을 삼키며 녹아내리는 삶을 인고하던 시절도 있었다. 그러다가 소나기라도 올라치면 부랴부랴 몸을 일으켜 부대끼며 춤을 추었다. 대궁마저 말라버린 늦은 가을날, 제 삶을 묻은 자리에 뿌리를 깊이 내리고 잎과 꽃들을 쓸어가 버린 바람을 원망하지 않았다. 눈이 오고 얼음이 얼어도 뿌리 끝의 마지막 온기에 별빛 같은 기억을 모으며 또 다른 봄을 꿈꾸었다. 그러면서 세파에 마르고 세월에 다져지는 풀꽃이 되어 갔다.

그러니 이름이 없은들 어떠하랴. 문득 책갈피 속에서 조우하는 나의 지나간 삶에 잔잔히 웃을 수 있다면, 행여 편지지 모서리에 붙여 친구에게라도 전할 수 있다면 이름이 없어도 좋다. 이름이 없어도 천지를 뒤덮을 풀꽃들이 싹을 틔울 봄을 기다려 본다.

반추 동물

사람들로 북적이는 대로를 지나 샛길로 접어들었다. 조금 걸어가자 '양곱창'이라 써진 노란 간판이 보였다. 저절로 침이 고이더니 꼴깍 넘어갔다. 지인은 간판을 끼고 안쪽으로 난 골목을 가리키며 손짓을 했다. 그곳에는 마치 식도처럼 좁고 긴 골목이 나 있었다. 내 입안에서 삼켜져 식도를 따라 내려가는 침처럼 나는 골목을 미끄러지듯 걸어가 불을 밝히고 있는 식당 안으로 빨려 들어갔다.

골목 끝에 위치한 이 식당은 오래된 주택을 그대로 사용하고 있었다. 나지막한 마루에 올라서니 흰 벽이 마주 보였다. 예전에는 기다란 추시계나 한 귀퉁이가 얼룩진 액자가 붙어 있었을 것 같았다. 촉수가 그리 밝지 않은 전등과 마호가니 나무로 마감된 천장이 세월을 되돌려 놓은 것 같은 착각이 들게 했다. 마루며 방마다 고기를 굽는 손님들로 가득했는데, 비어 있는 위가 음식 냄새를 맡고 꿈틀거리는지 꼬르륵 소리가 났다.

메뉴는 간단했다. 순양과 양곱창. 지인은 순양 삼 인분을 주문했다. 동석한 사람들이 여성이라는 점을 배려해서 기름기가 많은 곱창을 피한 것이리라. 숯불이 들어오고 밑반찬이 차려졌다. 곧이어

석쇠 위로 양념된 양 몇 점이 놓여졌다.

양은 소의 첫 번째 위를 일컫는 말이다. 소는 네 개의 위를 가지고 있다. 두 번째와 세 번째 위를 벌집과 천엽이라고 부른다. 네 번째 위는 홍창이라 하는데 흔히 막창이라고 하기도 한다.

그중 첫 번째 위인 양이 제일 크다. 풀이나 건초를 대강 씹어서 저장해 두는 곳이다. 소가 주위로부터 위협을 느끼기 전에 많이 먹어두었다가 안전한 곳에서 되새김질을 한다는 것은 잘 알려진 사실이다. 양은 그 되새김질을 위한 창고인 셈이다.

되새김질을 하기 위해서는 일단 먹었던 것을 토해 내어야 하는데, 나에게도 이와 비슷한 고질적인 증상이 있다. 신경성 위장장애라고나 할까. 식사를 잘 하고도 심정이 상하는 일이 생기면, 그날 밤을 넘기지 못하고 먹은 것을 죄다 토하고야 만다. 호리병 목처럼 가늘고 긴 식도를 거슬러 먹은 음식을 토해 내는 일은 그야말로 고역이다. 진땀이 나고 정신마저 혼미해진다. 위는 약주머니 짜듯이 틀어지며 아우성을 친다. 그래도 나는 기어코 다 토해 내고야 만다. 주어졌지만, 도저히 받아들일 수 없는 것들에 대한 나의 지독한 항변인지도 모르겠다.

생존을 위한 선택이었다 할지라도 소에게도 애초 토해 낸다는 일이 쉽지는 않았을 것이다. 그러나 허겁지겁 거칠게 먹어 버린 풀들로 인해 위가 편치 않았으리라. 처음 되새김질이 시작되었을 때 현명한 소는 그것들을 무작정 뱉어 버리지는 않은 모양이었다. 천천히 곰곰이 되씹으며 저에게 주어진 먹이를 잘 소화하기 위해 무던히도 애를 썼을 것이다. 자신에게 맞지 않는다고 무조건 뱉어내고 또다시 먹이를 찾아 황망한 발걸음을 옮기는 대신, 소는 제자리에서 되새김질이라는 해답을 찾은 듯하다.

문제의 해답을 밖에서 찾기보다 제 안에서 찾는 것이 보다 근본적인 깨달음이라고 한다. 이는 소의 되새김질과 닮아 보인다. 생각해보면 인간에게 소의 되새김질은 자기 성찰의 모습으로 비칠 만하지 않은가.

석쇠에서 양이 구워지고 술이 몇 순배 돌자 밤도 불콰하게 익어갔다. 어쩌면 이곳도 소처럼 되새김질을 하느라 이리 오래도록 변하지 않았나 보다. 서면이라는 부산의 중심부답게 주위의 건물들이 새로 세워지고, 휘황한 네온 간판들이 숲을 이루어도 그저 촌스러운 간판 하나를 나지막한 이마에 붙인 채 말이다.

식도처럼 좁고 긴 골목 끝에 위치한 소의 위 같은 이곳에서 우리도 부단히 되새김질을 했다. 뒤늦게 수필쓰기에 의기투합한 사람들이었으니 과거를 토해 내 되새김질을 하는 것은 어쩌면 당연한 일일 터였다. 그러나 진정한 되새김질이란 토해 낸 것을 뱉지 않고 다시 삼키는 것에 있다. 수필이란 그 되삼킴의 과정을 담아낸 것인지도 모르겠다.

젊은 날 허겁지겁 삼킨 경험들이었다. 미처 숨죽이지 못한 풀기가 식도를 베고 위벽을 긁었다. 위는 늘 더부룩했지만 알 수 없는 허기가 떠나지 않았다. 그 허기를 메우려고 닥치는 대로 먹었던 시절도 있었다. 목구멍 끝까지 채우고는 손가락을 넣어 토하는 거식증 환자처럼 나는 가끔씩 내가 먹었던 세상들을 토해 내었다. 그럴 때마다 내 위는 진저리를 치고는 다시금 공허하게 비어 버리곤 했다.

그런데 언제부터인가 토한 것을 뱉지 않고 되새김질을 하고 있는 나 자신을 발견했다. 왜일까, 아마도 세상으로부터 점점 단절되는 것 같은 위기감 때문일 수도 있고, 글을 향한 나의 오래된 갈망이 이유일 수도 있겠다. 그러나 하나 분명한 것은 수필만큼 삶의 되새김질을 적나라하게 보여주는 글은 없다는 점이다.

되삼킬 만큼 되새김질을 하기 위해서는 우선 급하게 삼켰던 것들을 토해내고 산산이 부수지 않으면 안 된다. 앞니로 토막을 내고, 어금니로 자근자근 씹어 뭉갠다. 깊숙한 곳에 고착되어 있던 감정과 회한들이 자기 성찰이라는 소화 효소에 녹아내리고, 어디에도 걸림이 없는 최소한의 의미 단위들로 분해되었을 때 비로소 되삼켜진다. 소에게는 우유나 마블링에 쓰였을 테지만, 나에게는 나와 세상을 이어 주는 한 편의 수필로 재구성되는 영양소들이다.

어느 시인은 이렇게 통탄하며 읊었다. "애초에 소처럼 반추위를 가지지 못한 나는/ 위장을 더부룩하게 채우면 그만이고/ 이웃과 우주와 우주의 심오한 계획을 위해/ 한 번도 되새김질하지 않았다"[*]

소처럼 되새김질하는 동물을 반추 동물이라고 한다. 그날 밤 나는 양을 구워 먹으며 진정한 반추 동물이 되고 싶었다.

* 박형권 시인의 「도축사 수첩」 중에서

경험의 의미를 해독하는 일은 반추위가 없이는 불가능하다. 불완전하나마 되새 김질을 시작한 지금, 제 자리에서 삶의 뿌리가 좀 더 깊어짐을 느낀다.

종점

지우개

이(齒)

장롱

종점

늦여름 밤, 오락가락하던 빗줄기는 변덕이 심한 애인마냥 저만치 달려갔다가 후다닥 되돌아와 안기곤 한다. 그럴 때마다 포장마차 안주인은 비닐포장을 걷었다 내렸다 하며 부산스럽다. 그 바람을 타고 백열등 불빛도 조금씩 흔들린다.

비에 젖은 보도에는 은행나무 그림자가 너울거리고, 나의 긴 그림자는 플라스틱 간이 의자 밑에 깔려 있다. 파전 한 접시와 막걸리 한 통이 놓인 탁자 위로 팔을 뻗어 빈 잔을 채운다. 지하철 종착역인 노포 종점 포장마차에서 나는 그와 술 한 잔을 나누고 있다.

흔들리는 빗줄기에 밀려오고 쓸려가던 건널목에서 누가 먼저 알아보았는지는 분명하지 않다. 우왕좌왕하다 어떻게 건널목을 다시 건너왔는지도 생각이 나지 않는다. 다만 잃어버려도 아깝지 않을 요량으로 가지고 나왔던 한쪽이 기울어진 우산과 비에 젖어 찌그러진 낡은 구두가 꿀꺽 삼킨 생선가시처럼 목젖에 걸린다.

아직 가을도 아닌데 바람이 너무 많이 분다. 바람에 쫓긴 빗줄기가 다급하게 보도블록 위를 훑는다. 마치 뭔가가 휩쓸려 가 버린 듯 잠시 거리가 휑하다. 비에 젖은 몇 장의 나뭇잎만이 바닥에 찰싹

달라붙어 있다.

　세월도 저렇게 지나갔는가 보다. 토막 난 몇몇 기억만이 저 나뭇잎들처럼 시간의 저편에 달라붙어 있다. 바깥을 보던 눈길을 돌려 그를 바라본다. 반백이 된 머리카락이 보인다. 어깨에 떨어진 빗방울로 셔츠가 얼룩져 있다. 무릎 위에는 그의 큰 손이 어정쩡하게 얹혀 있다.

　갑자기 고도를 높인 비행기에 앉아 있는 것처럼 조금 먹먹하긴 하다. 그렇다고 그가 나의 첫사랑인 것은 아니다. 가난이 젊음의 윤기마저 말려 버린 시절, 팍팍한 청춘의 한 자락에서 설익은 조밥처럼 겉돌며 서로 눈치만 살피던 사이였었던가. 우정과 사랑 사이에서 지금 이 빗줄기처럼 오락가락하였을 게다. 어쩌면 이 말도 정확한 사실이 아닐지도 모르겠다. 흔히 추억은 사실을 기억하지 못하지 않던가.

　한두 번 담장에 나뭇잎 그림자가 너울거리는 골목길을 걸었던 것 같기도 하다. 제목도 생각나지 않는 몇 권의 책을 빌려 주거니 받거니 하였으리라. 헤진 작업복 앞섶을 두 손으로 여미고 머쓱하게 서 있던 젊은 시절 그의 모습이 잠시 눈앞을 스친다. 거제도에 있는 고아원에 근무하던 나를 찾아왔다가 돌아가는 뱃머리에서 손을 흔들던 그가 내가 본 마지막 모습이다.

　어디에서 와서 어디로 가던 길이냐고 서로 묻는다. 마지막으로 만난 것이 언제였는지를 두고 어긋난 조각들을 내놓으며 퍼즐 맞추기를 한다. 퍼즐은 거제도 선착장으로 맞추어졌지만 여전히 그는 떠나는 배에 있고 나는 부두에 있다. 막걸리 잔을 들어 한 모금 삼킨다. 가슴께로 아릿한 술기운이 퍼진다.

아득히 잊고 지냈던 젊은 날의 빛바랜 사진 한 장을 마주한 기분이다. 긴긴 궤도를 달려온 열차가 어느덧 종점에 다다라 정지하는 것처럼 잠시 시간이 멈춰 선다. 분명히 서로 다른 노선의 열차를 타고 도달한 종점이건만, 왠지 세월의 궤적들이 닮아 있을 것 같은 이 느낌은 어디에서 오는 것일까.

역사 출입문 처마 밑에서 담배를 피우던 한 사내가 꽁초를 발로 비벼 끈다. 의뭉하게 솟아나는 미련에 여지를 남기지 않으려고 발끝에 힘을 준다. 밤도 늦었고 비도 오는데, 저렇게 밟아대지 않아도 불씨는 꺼질 텐데 하는 부질없는 생각을 한다. 지하철이 도착했는지 한 무리의 사람들이 우르르 나오더니 버스 정류장으로 몰려간다. 몇몇 사람은 건널목 앞에서 신호를 기다린다. 나는 괜히 그들의 면면을 살핀다. 후둑거리는 비와 이따금씩 몰아치는 바람에 옷자락이 나뭇잎처럼 펄럭인다. 맞은편 붉은색 신호등을 바라보는 그들의 그림자가 빗물에 번들거린다.

신호가 바뀌자 모두들 서둘러 건널목을 건너간다. 집으로 돌아가는 길이리라. 문득 시간이 많이 늦었다는 생각을 한다. 어쩌면 막차 시간이 다 되어 가는지도 모르겠다.

옆자리의 사람들이 일어서는 기척을 빌미 삼아 나는 가방을 챙겨 든다. 그도 일어나서 우산을 챙겨 준다. 계산을 하고 가벼운 악수를 하고 어색한 이별 인사가 있을 것이다. 어쩌면 잘 먹고 간다고 포장마차 안주인에게 건네는 인사보다도 더 엷은 소리라 곧 저 빗줄기에 흩어져 버릴지도 모르겠다. 그리고 막차의 혼곤한 귀로에서 쏟아지는 잠 속에 묻혀 버리리라.

  종점은 이런 곳이다. 오고 가고, 가고 오다 결국은 비에 젖은 어깨로 흰머리 흩날리며 조우를 한다. 길고 긴 여정 끝에 마침표 같이 다다른 종점에서 한 개비 담배로 미련을 비벼 끈다. 시간이 고인 웅덩이 같은 이곳에 잠시 머물며 막걸리 한 잔에 조금 취기가 오른들, 조금은 가슴이 아린들 괜찮은 것이다. 집으로 밖에는 더 이상 갈 곳이 없는 종점이 아닌가.

추억에서 감정이 휘발되면 기억이 되고, 그 기억마저 희끗희끗 바래면 우리는 진정한 이별을 하는 것이리라. 종점에서 그렇게 헤어진 후 다시는 그를 보지 못했다.

지우개

책상 서랍이 왈칵 쏟아진다. 투명 테이프를 찾는 중이었는데, 너무 세게 당겼는지 서랍이 쑥 빠진 것이다. 자잘한 문방용품들 사이로 허옇고 뭉툭한 지우개 하나가 눈에 띈다.

지우개에는 2334라는 숫자가 파란색 볼펜으로 적혀 있다. 2학년 3반 34번이라는 뜻이다. 커다란 미술용 지우개인 것으로 보아 딸아이가 중학교 시절 사용했던 지우개 같다. 한쪽이 심하게 닳은 지우개는 고분에서 출토된 오래된 유물처럼 윤기를 잃은 채 굳어져 있다. 집어 들고 보니 자잘한 금이 가득하다.

딸아이가 그림에 소질이 있다는 말은 학교 미술 선생님으로부터 들었다. 다른 일로 담임 선생님을 찾아갔던 길이었는데, 교실로 찾아온 미술 선생님은 "제 딸이라면, 집을 팔아서라도 미술 공부를 시키겠어요."라며 딱 분질러 말했다. 먹고살기에 급급해 중학교에 보내놓고도 이 년이나 지나 처음으로 학교를 방문한 때였다. 차림새로 보나 모양새로 보나 대놓고 자식 교육에 투자할 형편이 아니라는 것이 빤히 보이는 모양이었다. 미술 선생님은 도내 학생 미술 대회를 위해 시간이 날 때마다 방과 후에 아이를 지도해 왔노라

했다.

솔직히 그 뒤 딸아이가 얼마 동안이나 미술을 공부했는지 알지 못한다. 미술대회에서 두 번이나 상장을 받아 왔지만, 그것조차도 하루하루 쌓이는 생활이라는 퇴적층에 묻히고 말았다. 아마도 딸아이는 누가 가르쳐 주지 않아도, 공부야말로 가장 저렴하게 학업을 이어갈 수 있는 계열이라는 것을 알게 되었을 것이다. 그리고 미술용 지우개는 서랍 깊숙이 치워졌으리라.

딱히 타고나게 머리가 좋은 것이 아니어서, 딸아이는 밤늦게까지 책상에 앉아있어야만 겨우 중상위권 성적을 유지했다. 아침이면 문제집들로 어지러운 책상 위에 지우개똥이 가득하곤 했다. 정답을 찾기 위해 수많은 오답을 지운 탓이다. 작고 부드러운 공부용 지우개를 문질러가며 딸아이는 대학에 진학을 했고, 석사를 거쳐 박사과정까지 수료를 했지만 그것도 정답은 아닌 모양이었다. 박사 논문 심사를 얼마 남겨 놓지 않고 포기를 해 버린 것이다.

이제 딸아이에게는 또 다른 지우개가 필요해졌다. 결실을 보지 못하고 흘려버린 이십 대의 황금 같은 시간들을 문질러 지워 버릴 지우개가 말이다. 도대체 한 사람의 일생에는 얼마나 많은 지우개가 필요한 것일까.

나는 소녀시절에 많은 시간을 상상으로 보냈다. 그 상상 속에는 빨간 벽돌집이 빠지지 않았는데, 하얀 나무 울타리에는 빨간 장미 넝쿨이 늘어진 집이었다. 어떤 날은 대문에서부터 현관, 거실 그리고 다락방인 내 방의 구조까지 세세하게 그리곤 했다. 비록 머릿속에서 그린 집이었지만 너무나 선명해서 언제라도 조감도쯤은 능히 그려낼 수 있었다. 하지만 그런 일은 결코 일어나지 않았다. 좁고 누추한 슬레이트 집을 벗어날 수 없었던 현실이 지우개가 되어 서서히 벽돌집을 지워 버렸다.

아나운서가 되겠다던 꿈은 중학교 중퇴로 일찌감치 지워졌고, 독학으로 사시를 보아 변호사가 되겠다던 가당찮은 꿈도 어머니의 병환으로 말끔히 지워졌다. 결혼해서 좋은 아내가 되고 싶었던 그림은 친정 걱정으로 마르지 않는 눈물에 번져 지워졌고, 좋은 엄마가 되었어야 했지만, 그것 또한 생활에 떠밀려 지워졌다.

누군가는 살아가는 것을 쌓아가는 것이라 한다지만, 나는 살아가는 것은 지워가는 것이 아닌가 생각한다. 어쩌면 현실은 커다란 지우개를 앞세우며 다가오는 것인지도 모르겠다. 내가 기껏 써낸 답을 오답이라며 사정없이 지우면서 말이다.

그러나 살다 보면 지우고 지운 뒤에 단 하나의 답만이 남는 때가 오기도 한다. 탁류가 지나간 뒤에도 쓸려가지 않고 맑아진 시냇물 위로 내비치는 조약돌처럼 말이다. 그 조약돌은 유난히 반짝인다. 현실이라는 지우개도 그 하나의 답만은 지우지 않는 듯하다.

언젠가 지인과 함께 조그마한 빵 가게에 갔던 일이 떠오른다. 손수 꾸민 예쁜 가게에는 마흔 살 남짓 되어 보이는 아가씨가 수제 빵을 팔고 있었다. 대학에서 일본어를 전공해 강단에 서기도 했지만, 빵 만드는 것이 좋아 지금은 빵 가게를 하고 있다고 같이 간 지인이 소개했다. 이렇듯 하고 싶은 것을 마음껏 하고 있으니 참 행복해 보인다는 말과 함께.

그런데 내 눈에는 오늘에 이르기까지 빵집 아가씨가 지워야만 했던 꿈의 목록들이 두루마리를 펼친 것처럼 보였다. 아니 느껴졌다. 이 답을 남기기까지 수많은 답들을 지워내며 아파했으리라. 지금의 행복은 제 몸을 지우개 삼아 그 무수한 꿈들을 지워낸 결과이지 않을까 하는 생각이 문득 들었다.

지난 주말에 집에 들른 딸아이의 손에는 물집이 잡혀 있었다. 클라이밍이라는 실내 암벽타기를 시작했다고 했다. 얼마 전부터 도자기 만들기를 배운다고 하더니, 어찌 된 일이냐고 물었다. 딸아이의 답은 도자기 만들기와 암벽타기를 모두 한다는 것이었다. 밤늦게까지 학원에서 아이들을 가르치고, 겨우 휴식해야 할 오전의 몇 시간을 매일 그렇게 보낸다는 것이다.

둘 다 육체적 소모가 심한 취미들이 아닌가. 자신을 쉴 새 없이 몰아붙이는 모양새가 그냥 취미를 즐기는 것만으로는 느껴지지 않았다. 어쩌면 딸아이에게 본격적인 지우기가 시작된 것은 아닐까. 가뜩이나 작은 아이가 살이 쏙 빠지고 핼쑥한 것이 닳고 닳아 작아진 지우개 같아 마음이 짠했다.

인생에 무슨 정답이 있으랴. 그러나 하나의 답에 정착하기까지 우리는 무수한 답들을 지워나간다. 그러나 답이 지워진다고 해서 답을 잃는 것은 아니다. 도리어 답을 완성해 가고 있는 중인 것이다.

지우는 것이 답을 찾아가는 길임을 알기에 나는 딸아이를 믿고 지켜보기로 한다. 언젠가는 조약돌 같이 단단하고 반짝이는 하나의 답이 딸아이의 마음을 사로잡을 것이다. 그때까지 이 지우개는 서랍 속에 다시 넣어 두어야겠다.

우리는 살아가면서 무언가를 열심히 쓰고, 그중 대부분을 열심히 지운다. 결국 산다는 것은 쓰고 지우기의 연속인데, 이 글을 쓰고 있는 지금도 나는 좀 전에 썼던 글을 지우고 다시 쓰고 있다.

이(齒)

며칠 전부터 남편은 혀로 끌끌하는 소리를 냈다. 혀끝을 안쪽 이에 붙였다가 떼어 내는 소리였다. 처음에는 이 사이에 끼인 음식물 때문이라고 생각했다. 그런데 양치질을 하고 나서도 입으로 바람까지 들이마시며 편치 않은 기색이었다.

그 소리가 거슬려 "왜 그래요?" 하고 물었다. "글쎄, 안쪽 이가 좀 흔들리기는 하는데, 괜찮아지겠지." 남편은 오른쪽 아래턱을 문지르며 대수롭지 않은 듯이 대답을 했다.

오십 대 중반을 넘었으니 이에 이상이 생길 나이도 되었다. 이미 친구들로부터 발치를 한다, 임플란트를 심는다 하며 치과를 드나든 이야기를 심심찮게 들었다. 그럴 때마다 남의 일로만 생각했는데, 남편의 이가 흔들린다니 내 마음도 같이 흔들렸다.

나이에 비해 건강한 치아를 자랑하던 남편이었다. 매일 아침 세면대 거울 앞에서 충치 하나 없는 하얀 이를 확인하고는 흡족해하곤 했다. 마치 뽀빠이의 팔 근육처럼 이를 통해 자신의 건재함을 과시하는 것 같았다

남편을 처음 보았을 때, 이는 마치 그의 상징물처럼 나에게 각인

되었다. 축제가 한창이던 어느 봄날, 기타 연주를 듣기 위해 학교 강당을 찾았다. 양복을 차려입은 그가 기타를 메고 무대 중앙으로 나왔다. 조명이 얼굴을 비추자 환한 미소를 지었는데, 벙그러진 석류처럼 입 안 가득 하얀 이가 반짝거렸다. 보통 사람보다 서너 개 더 많은 이를 가진 것은 아닐까 하는 생각이 들 정도였다.

미소를 거둔 그가 '로망스'를 치기 시작했다. 굵은 빗방울이 창문을 두드리듯 기타에서 튕겨 나온 음들이 내 가슴을 두드렸다. 음악의 선율 때문인지 빛나던 이 때문인지 모르겠지만, 그날 이후 나는 그를 사랑하게 되었다.

맹수들의 이빨은 먹이를 사냥하는 데 있어서 성패를 좌우한다. 치타가 이빨 하나로 요동치는 들소의 목을 물고 늘어진다. 생존을 향한 그 엄중한 사투의 중심에 이빨이 있다. 자연계에서 이빨은 종종 먹이를 구하기 위한 수단이 되기도 한다.

인디언 남자들은 맹수의 이빨로 목걸이를 만들어 걸었다고 한다. 이빨의 숫자가 많을수록 용맹한 전사로 인정받았다. 부족을 보호하고 가족을 먹여 살리려면 맹수의 이빨보다도 더 강해야 했던 것이다.

어디 인디언 남자들뿐이랴. 모든 남자들에게 강하다는 것은 자존심이다. 그러나 그 강함의 이면에는 끝을 모르는 수심처럼 시퍼렇게 입을 벌리고 있는 두려움이 있지는 않을까. 경쟁에서 밀리다 무리에서 도태될 수도 있고, 거듭되는 실패에 다시 일어서지 못할 수도 있다. 가족들을 생각하며 더 이상 뒤로 물러서지 않으려고 이를 악물기도 했을 것이다. 어쩌면 남자들의 이에는 이 모든 두려움을 견뎌온 궤적이 새겨져 있는지도 모르겠다.

결혼을 할 당시 나는 남편의 직업이 군무원이라는 것은 알았지만, 군무원이 무엇을 하는 직업이며 월급이 얼마인지는 알지 못했다. 하루 빨리 고달픈 친정집에서 벗어나고자 하는 마음에 현실적인 조건들을 안중에 둘 겨를이 없었다. 그런 것들보다 탐스러운 그의 치아가 더 믿음직스러웠는지도 모르겠다. 이런 이를 가진 사람이라면 자기 가정 하나쯤은 능히 건사하리라는 믿음이 있었다.

그러나 살아오면서 나는 그의 이가 보기만큼 튼튼하지만은 않다는 것을 알게 되었다. 아무도 도와주는 이 없는 팍팍한 세상에서 그의 이는 뿌리를 깊이 내리지 못했다. 가난한 집안의 아들 노릇을 하느라 이를 앙다물었던 날들도 많았다. 때때로 예기치 않은 세상의 어퍼컷도 날아들었다. 한 방 맞은 날이면 이가 뿌리째 흔들렸을 테지만, 그는 좀처럼 신음 소리를 입 밖으로 내지 않았다. 아마도 힘없는 부모에게는 의지해야 할 아들이었고, 어린 자식들에게는 울타리가 되어야 하는 아버지였기 때문일 것이다.

직업도 몇 번인가 바뀌었다. 익숙하지 않은 일들이 익숙해질 때까지 남편의 입술은 부르트고 잇몸은 헤졌다. 이가 시큰거리기도 하였을 것이다. 하지만 그는 아무렇지도 않은 것처럼 매일 아침 양치질을 마치면 일터로 나가곤 했다.

아침마다 거르지 않는 양치질은 마치 작은 의식 같았다. 출정을 앞둔 병사가 무기를 벼리듯 남편은 정성스레 양치질을 했다. 일상의 찌꺼기가 끼어 있는 이 사이를 꼼꼼하게 닦았다. 생활의 고달픈 단내가 들러붙은 잇몸을 맑은 물로 헹궈 내었다. 소금물로 하는 입가심은 자잘하게 돌아나는 부질없는 생각들을 싹 가시게 하기 위한 마지막 의례였을 것이다.

이태 전, 남편은 오래 한 장사를 접고 늦은 나이에 다시 취직을 했다. 부모님도 돌아가시고 아이들도 어느 정도 성장을 했지만, 아직 그의 곁에는 철없는 아내가 있지 않은가. 아마도 그가 아직은 건강한 치아를 유지해야 할 이유일 것이다.

한 달에 한 번씩 남편은 내게 월급 명세서를 내민다. 기본급과 수당이라고 새겨진 숫자들에서 남편의 선연한 잇자국을 본다. 부실해져가는 이로 남편은 언제까지 세상을 물고 있을 수 있을까.

그래도 나는 그 숫자들을 쪼개어 옷도 사 입고 친구들과 외식도 한다. 남편은 이런 나를 바라보며 묘한 표정이다. 언제까지나 자신의 그늘에서 편히 살기를 바라는 것 같기도 하고, 부업이라도 해서 자신을 좀 거들어 주기를 바라는 것 같기도 하다. 아마도 그 둘 다일 것이다.

남편은 치과에 가는 일을 차일피일 미루고 있다. 비싼 치과 치료비를 염두에 두고 있는지도 모르겠다. 나는 약국에 가서 이에 좋다는 약을 사왔다. 아침 식사를 마치고 약을 내밀자, 남편은 무언가 숨겨야 할 것을 들킨 사람마냥 무안한 표정이다. "요즘은 다들 먹는대요. 미리미리." 내가 재촉하자 마지못해 하며 약을 털어 넣고 화장실로 들어간다.

오늘따라 그의 양치질이 유난히 길어지고 있다.

아이들에게 이가 나기 시작하면 서서히 젖을 떼고 밥을 먹였다. 이는 생존의 최전선에 나있는 확고한 실체이며 생존능력의 포괄적인 상징이다. 남편은 흔들리는 이를 빼고 임플란트 이 하나를 심었다. 그의 생존능력이 다소 감소되었다.

장롱

사다리차는 덜덜거리며 이삿짐을 실어 내리고 있었다. 가끔씩 난기류에서 착륙을 시도하는 비행기처럼 심하게 덜컹거리기도 했다. 그럴 때마다 나는 혹시 이불 뭉치나 장독 같은 것들이 떨어지지나 않을까 걱정하며 움찔거렸다.

사다리를 오르내리며 짐을 실어 내리는 판에는 난간이 없었다. 아마도 판보다 더 넓은 짐들을 싣기 위해서일 것이다. 덩그러니 바닥에 놓인 짐들은 오 층에서 지상으로 내려오며 난간 하나 잡을 것이 없는 이 비행에 멀미라도 했는지, 하나 같이 허연 먼지를 뒤집어 쓴 핼쑥한 모습이었다. 자질구레한 짐들이 내려온 후에 장롱이 내려오자, 아침부터 흐리던 하늘에서는 가는 비가 내리기 시작했다.

장롱은 내려오자마자 인부들에 의해 폐기물 처리장으로 옮겨졌다. 인부들은 두 짝의 장롱을 마주 대어 놓고 그 뒤로 화장대나 컴퓨터 책상 같은 작은 폐기물들을 쌓아 놓았다. 누군가가 호기심으로 장롱 문을 열어보는 것을 방지하기 위한 것으로 보였지만, 어쩌면 폐기되어지는 장롱에 대한 마지막 예의인지도 몰랐다. 덕분에 나는 굳이 장롱의 표정을 보지 않아도 되었다. 다만 가는 비를 맞으며 돌아서 있는 장롱에게 보내는 마지막 인사를 입안에서 웅얼거렸을 뿐이다.

이 두 짝의 장롱은 나의 유일한 혼수품이었다. 이마저도 없었다면 자취방과 신혼 방의 구별이 어려웠을 것이다. 그 흔한 목각 원앙 세트나 분홍색 잠옷 하나 벽에 걸려 있지 않은 삭막한 방 안에서 장롱은 제법 은은한 윤기를 냈다. 원목의 무늬 결이 살아 있는 짙은 갈색의 장롱은 화사하지는 않았지만, 단단하고 야무져 보였다.

하지만 나는 친구들이 놀러 오면 제발 장롱의 문은 열어 보지 않기를 바랐다. 고작 베개 두 개와 이불 한 채, 단벌의 남편 양복과 낡은 내 모직 외투 한 벌을 제외하면 장롱에는 텅 빈 공간뿐이었다. 그곳에 들어차 있는 내 남루가 발견되지 않기를 바랐다. 하기야 대강 한 번 둘러보기만 하더라도 형편이 한 눈에 들어올 터이지만, 왠지 장롱 속만은 들키고 싶지 않았다. 다행히 신혼 방에 들르신 시어머니께서도 장롱 문을 열어 보시지는 않았다. 아마도 경직된 표정으로 꼿꼿이 대하는 며느리가 만만하지 않으셨던 모양이었다.

몇 번의 이사를 거치면서도 장롱은 잘 버텨 주었다. 끝장이 날 것 같았던 부부 싸움 중에 거칠게 여닫았던 손잡이가 헛도는 것과 탐탁지 않았던 누이동생의 배필감을 만나고 온 저녁, 남편이 내리친 주먹에 발등이 찢어진 것 정도가 겉으로 보이는 상처라면 상처였다. 그저 입을 꾹 다물고 안방 한쪽 면을 차지한 채, 감고 휘돌아가는 세월을 강물인양 바라보며 장롱은 내내 묵묵했다.

아이들이 커 가자 서랍장이 필요해졌다. 수시로 넣었다 꺼냈다

해야 하는 옷가지들을 장롱에 둘 수는 없었다. 여섯 개의 서랍을 가진 서랍장은 여섯 개의 입을 가진 것 같았다. 아이들이 웃고 울고 재잘거릴 때마다 여섯 개의 입은 열렸다가 닫혔다.

반면에 장롱은 더 말이 없어졌다. 드물게 사용하는 것들이나, 아주 사용할 일이 없어져 버렸지만 버릴 수 없는 것들이 깊숙이 들어앉았다. 어머니의 장례식 날 내리던 싸락눈에 치맛단 흙물이 들었던 상복, 첫아이를 낳고 아무도 가르쳐 주지 않았지만 혼자서 가느다란 팔다리를 꿰어 넣었던 배내옷, 여동생의 결혼식 때 어머니 자리에 앉아 흘린 눈물로 고름이 얼룩진 철 지난 한복 같은 것들 말이다.

늘 사용하는 이불을 넣기 위해 보조 장이 생기고, 제철 옷들이 두 개의 행거에 걸리고 나서부터는 장롱을 여닫는 일조차 드물어졌다. 장롱은 뒷방 늙은이처럼 자꾸만 뒤로 물러앉았고, 꺼칠해지고 순간순간 잊혀졌다. 이제 장롱은 이불이나 옷가지들을 넣어두는 곳이 아니라 세월을 쌓아 두는 곳처럼 보였다.

언젠가 한 번은 이 필요 없는 것들을 다 버리기 위해 장롱 문을 활짝 열어젖힌 적이 있었다. 그러나 무슨 연유에서인지 나는 보풀이 가득한 겨울 목도리와 이제는 도저히 몸에 맞을 길이 없는 투피스 두 벌만을 버렸을 뿐, 예의 그것들을 다시 차곡차곡 장롱 속에 쟁여 넣고 말았다.

그런데 장롱 속에 쌓여 있던 지난 세월이 나를 끌어당긴 것일까. 갑자기 어린 시절처럼 장롱에 숨고 싶은 기분이 들었다. 나는 장롱 안으로 들어가 문을 닫았다. 납을 차고 물속 깊이 가라앉는 해녀처럼 나는 과거 속으로 가라앉았다. 그곳은 언제나 조도가 낮아서 현실의 일부를 유예할 수가 있었다. 아련한 고통이 일었지만 기실 그것은 지나간 것들이므로 견딜만했다. 고독했지만 현실에서의 외로움만큼 차갑지는 않았다. 장롱 안에서 잠이 들었던 그때처럼 그저 한숨 푹 자고 일어나고 싶었다.

세월은 뱃살에 쌓이는지 아랫배가 자꾸 나오기 시작했다. 사람들은 나잇살이라며 어쩔 수 없는 것이라 했다. 그즈음 장롱도 배가 나오기 시작했다. 튼튼한 두 팔과 같았던 문짝들이 아귀가 맞지 않았다. 저도 낡다보니 힘이 빠진 탓이리라. 자연히 보듬고 있던 것들이 흘러 내렸다. 삐죽이 열린 문틈으로 낡고 색이 바랜 이불들이 보였다. 깊은 밤, 바람 소리에 섞인 장롱의 낮은 한숨 소리를 들은 것 같기도 했다.

장롱을 바꾸자는 나의 말에 남편은 이사라도 가면 그때 하자며 일축했다. 그러나 이사도 장롱 속을 비우는 것만큼이나 어려웠다. 우여곡절 끝에 자리를 털고 일어났다. 24년 만의 이사였다. 이사하기 전, 나는 대부분의 장롱 속 물건들을 버렸다.

새로 산 장롱은 연한 분홍색이다. 이사 온 집을 둘러본 친구들은 새 장롱이 놓인 안방을 보고 신혼 방 같다며 야단이다. 육십을 바라보는 나이에 신혼 방이라니 실소가 나온다.

많은 것을 버리고 남은 것들이 새 장롱에 가뿐하니 정리가 된다. 가벼워서 좋다. 그렇다고 해서 내가 옛 장롱을 잊은 것은 아니다. 젊은 날 은은한 윤기가 돌던 낯빛, 튼튼한 두 팔, 말은 없었지만 언제나 내 뒤에 서 있던 든든함, 그리고 무엇보다도 깊고 아늑했던 그 품이 여전히 그립다.

흐르는 시간의 강 한 모퉁이에서 저수지처럼 과거를 품고 있던 장롱을 떠나보내고, 나는 한결 강가에 다가앉은 기분이다. 강물에 반짝이는 햇살처럼 지금의 시간이 나에게 닿아있다. 이제는 가두지 않으련다.

집게발의 전언

해산

집게발의 전언

갯벌이 떠들썩하다. 다대포 해변의 끝자락, 환경이 훼손되지 않도록 다릿발을 놓아 설치한 산책로에서 아래를 내려다본다. 뚫려 있는 구멍들마다 작은 게들이 집게발을 내밀고 하늘을 향해 흔들어댄다. 갯벌에 사는 달랑게들이다. 무슨 공연이라도 있는지 함성이 대단하다.

보이기는 하지만 들리지는 않는 소리에 귀를 기울인다. 혹 집게발들의 전언을 알아들을 수 있을까 하여 난간을 붙잡고 머리를 더 아래로 들이밀어도 본다. 위아래로 발사되는 집게발들의 말들을 눈으로 쫓자니 현기증이 난다. 인간의 말밖에 모르는 나는 그들의 언어를 해독할 수 없다.

다대포의 갯벌은 여느 갯벌과는 다르다. 수백 리를 흘러온 만삭의 낙동강이 조용히 몸을 푸는 산실이기 때문이다. 강과 바다가 만나고, 민물과 바닷물이 뒤섞이는 특별한 공간이다. 이질적인 두 세계의 융합을 실험하는 대자연의 실험실이기도 하다. 그 실험실의 갯벌에 달랑게가 산다.

달랑게는 밀물과 썰물의 경계선, 즉 간조선의 위쪽인 상조선 부근의 갯벌에 구멍을 파고, 그 구멍을 집 삼아 살아간다. 하루에 두 번 바다와 육지를 번갈아가며 살아 내어야 하는 모진 운명이다. 유난히 큰 하나의 집게발로 2cm 안팎의 작은 몸을 지탱하고 있는 모습 때문에 달랑게라는 이름을 얻었다고도 한다. 불균형한 집게발이 익살스러워 보여 절로 미소가 지어진다.

달랑게는 좌우 두 쌍으로 된 열 개의 다리를 가지고 있는데, 각각 그 기능이 다르다. 집게발은 먹이를 먹거나 자신을 과시하는 데 사용하고, 중간에 있는 세 쌍의 다리로는 땅을 짚고 이동을 한다. 마지막 다리는 물속에서 헤엄을 칠 때 꼬리지느러미 역할을 한다고 하니 멀티 플레이어가 따로 없지 싶다. 바다 속에서는 '새실'이라 불리는 아가미 방 안에 있는 아가미로 숨을 쉬고, 육지에서는 새실 벽에 붙어 있는 실 같은 돌기로 공기 호흡도 한단다. 수륙 양용 엔진인 셈이다.

고개를 들어 보니, 다대포의 해변에 밀물이 들고 있다. 해변을 따라 나갔던 사람들이 아이들의 손을 잡고 돌아오고 있는 모습이 보인다. 생각보다 밀물의 속도가 빠른지 사람들의 발걸음이 빨라진다. 한 번 들기 시작한 밀물은 때가 될 때까지 방향을 바꾸지 않는다. 때에 맞춰 최선을 다하는 것이 자연의 이치일 터이다. 이제 곧 달랑게들이 집게발을 흔드는 이곳도 바닷물에 잠기리라.

어디 갯벌뿐이겠는가. 인생에서도 밀물은 수시로 밀고 들어온다. 일정한 간조 시간이 있는 것도 아니고 명확한 간조대가 지켜지는 것도 아니다. 처음에는 멀리 수평선에 아른거리는 아지랑이 같아 보일 수도 있다. 남에게는 닥치지만 나에게는 다가오지 않을 일처럼 생각되기도 한다. 설사 무슨 기미를 알아챘다 하더라도 금방 수긍하기는 어렵다. 잠시 머뭇거리는 동안, 밀물은 발목을 넘어 무릎까지 차오른다. 감당할 수 없는 인생의 밀물들은 늘 생각보다 빠르게 밀려온다.

꼭 사업 실패만이 모든 것의 이유이지는 않았을 것이다. 그러나 도미노처럼 한 가지 현상은 또 다른 현상을 불러오는 불가피한 원인이 되었다. 그 현상들은 세찬 파도가 되어 사정없이 내 인생 안으로 들이쳤다. 허리를 넘기는 밀물을 견디지 못하고 남편이 쓰러지자, 순식간에 밀물은 식구들의 키를 넘었다.

물속 세상에서는 모든 것이 달라진다. 우선 숨쉬기부터가 어렵다. 공기와 바람이 사라진 뒤, 밀도가 전혀 다른 일상들을 호흡하며 살아가야 하기 때문이다. 그것은 하루지의 양식이기도 했고, 아이들의 한 달분 급식비이기도 했으며, 납처럼 무거운 대출금 통장이기도 했다. 급할 때마다 빌려온 친구들의 쌈짓돈까지 얹어졌다.

내 폐는 이런 것들을 견디지 못하고 새된 비명을 질러댔다. 남편에 대한 원망이 기포마다 들이찼다. 스스로의 무능함에 대한 자괴감이 그 원망을 밀어내고 폐부 깊숙이 진흙처럼 들러붙었다. 그래도 어떻게든 해결이 되겠지 하는 턱없는 희망은 겨우 뱉어내는 얕은 숨길에 맥없이 사라졌다.

익사할 것 같은 순간들이 지나갔다. 그나마 헐떡이면서도 버틸 수 있었던 것은 눈빛이 말간 아이들 때문이었을 것이다. 그리고 아이러니하게도 이 물속의 호흡법을 조금씩 터득할 즈음 썰물이 시작되었다.

그 후에도 나는 여러 번의 밀물을 경험했다. 사고도 있었고, 건강상의 문제가 생기기도 했다. 요즘은 갱년기 증상이랄까, 고독과 우울의 밀물에 잠겨 하루를 보내기도 한다.

생각해 보면 밀물은 수시로 내 인생에 밀려왔던 것 같다. 그럴 때마다 적응하기가 쉽지만은 않았다. 환경에 맞춰 스스로를 변화시켜야 하는 일은 늘 고통으로 다가왔다. 마치 자신의 일부가 밀물에 쓸려 소멸되는 것처럼 느껴지기도 했다.

나는 바닷물에 잠기는 게들을 상상해 본다. 물속에서는 부력이 생겨 미끄러지듯 떠다니는지도 모르겠다. 이미 물에 잠겨 버린 집에 대한 미련은 흔쾌히 버릴 것이다. 새살 가득 바닷물을 채우고 등껍질이 탱탱하도록 깊은 숨을 들이마시며 내일을 꿈꾸리라.

주어진 환경에 적응해 과감히 자신을 변화시켜 가는 용기야말로 삶을 살아가는 원동력일 것이다. 바다 생물이면 어떻고, 육지 생물이면 어떠한가. 갯벌에서 살아가는 생물들에게 정체성을 묻지 않는 것은 불문율이다.

아직도 세상의 밀물에 잠길 때마다 숨이 가쁜 나는 달랑게의 충고를 듣기 위해 더 깊숙이 몸을 숙인다. 말을 알아듣지 못하는 내가 답답한지 게 한 마리가 구멍 밖으로 몸을 내밀다 내 시선을 의식하고는 멈칫 멈춰 선다. 그 짧은 정적을 타고 마치 집게발의 전언이 들리는 듯하다.

스스로의 정체성을 찾아 육십갑자 한 바퀴를 거의 다 돈 지금, 나는 정체성이란 찾는 것이 아니고 만들어 가는 것이라는 생각을 한다. 그런 점에서 갯벌에 사는 달랑게들은 탁월한 능력자들이다.

해산

태동이다. 수백 리를 휘돌아 흐르던 낙동강이 또 한 번 몸을 뒤챈다. 뱃속에서 보이지 않는 아기가 발길질이라도 하는지, 오른쪽 옆구리가 불룩해진다. 그 바람에 한 걸음 뒤로 물러선 을숙도 기슭에서 바라본 낙동강은 만삭의 아낙을 닮았다. 하구를 향하는 한 걸음 한 걸음이 수굿하고 만만하다. 강바람이 귀밑머리 같은 갈대숲을 스치고 지나가자, 그윽한 미소를 지으며 푸릇한 물 향을 풍긴다. 낙동강은 이미 넓고도 깊다.

깊고 깊은, 겹겹이 여울진 태백의 어느 골짜기에서 수태되었으리라. 넌지시 지표면을 적시던 물기가 처음으로 가느다란 줄기를 만들며 흐르기 시작했을 때, 산은 부드러운 그림자를 드리워 감싸 안았을 것이다. 지금은 알 수 없는 비의를 품고 긴 여정을 떠나는 그녀를 봉우리 높은 곳에서 오래오래 바라보았을 것이다.

강 머리가 안개로 흐릿하다. 굽이마다에서 흘러드는 물줄기들을 품으며 이곳까지 흘러온 낙동강이다. 묵묵히 내 안에 너를 들이며, 지나온 세월만큼 불어난 사연들을 품고 흐르는 것은 사람에게나 강에게나 피할 수 없는 운명인가보다. 부쩍 불어난 낙동강을 따라 내려가 보기로 한다.

언제부터인가 강을 거슬러 오르기 보다는 하류를 향해 흐르는 물살에 순순히 몸을 맡기고 사는 것이 순리라는 생각이 든다. 때가 되면 조금씩 몸을 낮추는 자연의 이치를 알게 모르게 느끼는 나이가 되었나 보다. 그래서 그런지 완만하게 흐르는 낙동강을 끼고 달리는 강변도로가 더없이 편안하다.

하단을 지나자 더욱 넓어진 낙동강이 청회색으로 묵직하게 내려 앉으며 해산을 준비하는 듯하다. 낙낙한 품에 갈대가 수초처럼 뿌리를 내리고 온갖 새가 둥지를 튼다. 생명이 생명을 부르는 소리가 물속에 가득하다. 고무된 낙동강이 여러 사구를 휘돌며 더 아래로 몸을 밀어낸다. 저만치 바라다 보이는 다대포의 비릿한 갯내가 산기를 재촉한다.

다대포는 예감하고 있었을지도 모를 일이다. 긴 세월을 돌아 낙동강이 이곳을 찾아오고 있다는 것을. 무거워진 몸을 이끌고 기어코 자신의 품으로 오리라는 것을. 바람에 실려 오는 물 향을 맡을 때마다 다대포는 갈매기를 날려 보내 낙동강의 산통을 위로한다. 낙동강의 푸른 이마 위로 갈매기의 날갯짓이 여울진다.

낙동강은 을숙도 대교 밑을 느리게 지나간다. 그녀를 가로지르는 마지막 다리이다. 이제 낙동강은 더 이상 강이 아니다. 아직은 민물이지만 둑과 둑 사이에 갇혀 있던 그녀의 정체성이 해제된다. 아기를 낳기 위해 삼백육십다섯 마디의 관절을 늘이는 여자처럼 물속 깊은 곳에서 수백 리를 이어온 물의 고리들이 느슨해진다. 아득하게 강폭을 넓힌 낙동강이 소리 없는 진통으로 잦아들고, 뽀얀 속살인 듯 수많은 사구들이 드러난다.

그 사구들 너머, 드디어 푸른 바다를 품은 다대포가 모습을 나타낸다. 다대포는 마치 한 팔을 길게 뻗어 아기를 안듯 낙동강 하구를 끌어안고 있는 모습이다. 그 팔꿈치쯤이나 될까, '노을정'이라 쓰여 있는 소박한 정자가 보인다.

정자에 올라 다대포를 바라다본다. 포효하는 파도를 끌어들여 깊숙한 만을 만들고, 이렇듯 온순하게 길들이기까지는 얼마나 많은 세월이 흘렀던 것일까. 지난했을 그 세월을 위로하듯 살가운 포말을 앞세운 파도가 갯벌을 다독이고 있다.

때마침 썰물이 시작된 다대포가 몸을 낮추기 시작한다. 새 생명을 받아들이기 위해 자신을 비우는, 아주 오래된 수행이다. 마치 수평선 뒤에 거대한 태엽이 있어, 그것을 되감기라도 하는 듯이 바닷물이 뒤로 조금씩 밀려난다. 끝자락만 보이던 젖은 담요 같은 갯벌이 서서히 펼쳐진다. 해면이 낮아질수록 품은 넓어지고, 드러난 갯벌 위로 하늘이 나직이 내려앉는다.

비우지 않고서는 받아들일 수 없는 법이다. 번다한 세상사에 질려서일까, 유독 비우기가 화두가 된 요즘이다. 그러나 그 말은 입술에서만 맴돌 뿐, 좀체 가슴까지 내려오지 못한다. 무언가를 버리거나 포기해야만 할 것 같아서 도리어 가슴이 무거워진다. 별반 가진 것도 없는데 자꾸 비우라고 하니 괜히 심기가 불편해진 적도 있지 않았던가.

하지만 다대포 앞에 서면 절로 그 의미를 깨닫게 된다. 굳이 버리지 않아도, 포기하지 않아도 비우기는 가능하다는 것을. 그저 표면에 출렁이는 파도를 뒤로 물리는 일, 그리하여 두려움 없이 맨가슴을 드러내는 일, 어쩌면 그것이 진정한 비우기인 것은 아닐까. 살아 있음으로 인해 주고받을 수밖에 없었던 상처의 파고를 잠시 뒤로 물리고, 맨가슴으로 세상을 새롭게 받아들이는 용기 또한 비우기일 터이다. 비록 머지않아 또다시 세파에 덮일지라도 말이다.

어느새 갯벌은 잿빛 담요를 활짝 펼친 것처럼 한껏 드러나 있다. 광활한 맨가슴이다. 그 가슴에 손을 얹으면 온기가 느껴질 것만 같다. 귀를 갖다 대면 깊은 곳에서 울리는 나지막한 심장소리가 들릴 듯도 하다. 게다가 나 자신을 몽땅 내던져도 결코 상처 따윈 입지 않을 것 같은 부드러움으로 가득 차있다. 치유의 묘약이라도 녹아 있는 듯 신비한 빛으로 반짝인다. 나는 갯벌에서 눈을 떼기가 어렵다.

문득 '상처 입지 않은 영혼이 어디 있으랴'*라는 유명한 시구가 생각이 난다. 상처 입지 않은 영혼이 없는 까닭은 살아 있는 것은 무릇 상처를 통해서 성장하기 때문이리라. 어쩌면 살아간다는 것은 끝없이 상처를 받으면서, 또한 끝없이 치유해 가는 과정인지도 모르겠다.

갓난아기의 피부처럼 한없이 부드러워 보이는 갯벌을 바라보고 있자니 그 위에서 뒹굴고 싶어진다. 내 크고 작은 상처의 틈 사이로 다대포의 갯벌이 스몄으면 좋겠다. 다대포는 아무것도 묻지 않은 채, 그저 나를 따뜻이 안아 줄 것만 같다.

아, 이제야 알겠다. 낙동강이 그 먼 길을 치달아 다대포를 찾아오는 이유를. 산야에 켜켜이 깃들어 있던 생명들을 거치며 그들의 상처와 눈물까지도 기꺼이 품었을 낙동강일 게다. 아무리 깊고 넓은 낙동강인들 어찌 그 속내를 풀어놓고 싶지 않으랴. 어찌 다대포의 품에서 위로 받고 싶지 않으랴.

이제 낙동강이 다대포의 넓고 부드러운 품에서 해산을 시작한다. 새로운 바다를 낳고 있다. 노을정에서 바라보니 저만치 야트막하고 기다란 사구가 보이고, 그 옆으로 물결의 소용돌이가 보인다. 강과 바다가 만나는 지점이다.

뭍으로 향하는 파도와 바다로 흐르는 강물은 서로 충돌하지 않는다. 오히려 가뭇가뭇 몸을 비빈다. 아슴아슴 서로를 어루만진다. 수많은 투명한 손들이 있어 속속들이 쓰다듬는 듯하다. 그러다가 몇 번 손을 잡았다 놓았다 하며 소용돌이 속으로 함께 흘러들어간다.

요란하지 않은 낙동강의 해산이 계속되고 있다. 물결이 일렁일 때마다 그녀의 몸이 가벼워진다. 마침내 다대포에 이르러 긴 여정을 끝낸 낙동강은 젖은 귀밑머리를 바닷바람에 말리며 표표히 돌아가고 있다. 물속으로 보이지 않게 쏟아낸 속내가 다대포의 편편한 가슴으로 가라앉는다.

다대포는 위대한 산실이다. 한 세계가 다른 한 세계를 끌어안는 신비의 현장이다. 조건은 없다. 그저 오랜 세월 닫아걸었던 마음의 걸쇠를 풀고, 쌓이기만 했던 속내를 조금씩 밀어내기만 하면 된다. 다대포가 길게 팔을 뻗어 따뜻한 맨가슴으로 오롯이 받아 주리라. 누구든지 이 따뜻하고 믿음직한 산실에 와서 자신의 속엣것을 해산해도 좋은 것이다.

낙동강을 받아들인 다대포가 다시금 출렁인다. 물결이 한결 푸르다. 갯벌을 따라 멀리 나갔던 사람들이 서로 손을 잡고 하나둘 돌아온다. 그들의 긴 그림자를 다대포가 강보에 아기를 싸안듯 포근히 감싸 안고 있다.

* 19C 프랑스 시인 랭보의 시 「오 계절이여, 오 성이여!」의 한 구절

삶이 푸르게 흐를 수 있으려면 그 끝 어딘가에 속내를 풀어놓을 품이 있어야한다. 나는 여기에 속내를 풀어놓았으므로 당분간은 푸르게 흐를 수 있겠다. 부디 이 책이 다른 누군가에게도 그런 품이 되었으면.

달의 귀환

1판 1쇄 · 2017년 10월 26일

지은이 · 김웅숙
펴낸이 · 서정원
펴낸곳 · 도서출판 전망
주 소 · 부산광역시 중구 해관로 55(중앙동3가) 우편번호 · 48931
전 화 · 051-466-2006
팩 스 · 051-441-4445
출판 등록 제1992-000005호
ⓒ 김웅숙 KOREA
값 12,000원

ISBN 978-89-7973-463-8
w441@chol.com

* 저자와의 협의에 의해 인지를 생략합니다.

이 도서의 국립중앙도서관 출판예정도서목록(CIP)은 서지정보유통지원시스템 홈페이지(http://seoji.nl.go.kr)와 국가자료공동목록시스템(http://www.nl.go.kr/kolisnet)에서 이용하실 수 있습니다.(CIP제어번호: CIP2017026138)

*본 도서는 2017년 부산광역시, 부산문화재단 지역문화예술특성화지원사업으로 지원을 받았습니다.